サラリーマン大喜利！

仕事のストレスが笑いに変わる

水野敬也×岩崎う大

文響社

本書の特長と使い方

本書は、会社員が仕事で遭遇しがちな場面での自由な発想力を身につけることで、**深刻な状況でも多くの選択肢を持って対応し、仮に失敗しても笑い飛ばす余裕を持てるようになる**本です。

一つの場面に対して1～6の項目で構成されています。

◎「うまく断る」を例にした場合

1

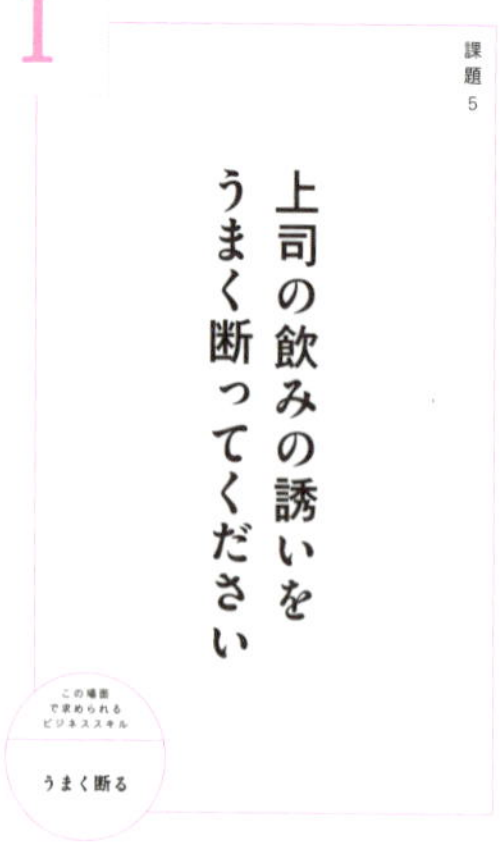

課題5
上司の飲みの誘いを
うまく断ってください
この場面で求められるビジネススキル
うまく断る

1　仕事で遭遇しがちな場面が**課題**として出されます。ページ左下にはこの場面で求められるビジネススキルが示されています。**ここですぐに次のページをめくらず、立ち止まって考えてみることをお勧めします。**実際に頭を使って考えることは、現実で似たような場面に遭遇したときに自由な発想をする手助けになります。また、後半に登場する偉人たちの発想（6）も効果的に学ぶことができるでしょう。

2

体調や家族の都合などやむを得ない理由で断る

他の予定と板挟みになって苦しい自分をアピールし、上司に身を引かせる

前向きな感じで先送りし続ける

3

異常に高い店を提案して気持ちを萎えさせる

行くと即答した直後に上司の机の角に肝臓をぶつけてのたうつ

4

「とことん飲みましょう」と言って渡したウコンドリンクに下剤を混ぜておく

酒癖の悪さをそれとなく伝える

2～5

課題に対する回答例が8つ提示されます。最初の3つ（2）の回答は基礎的なものであり、自由な発想をするための土台の役割を果たします。また、**2の回答は実際の場面でそのまま使用することができます。**3以降は、発想が徐々に飛躍していきます。後半になるに従って実際の場面では使いづらいものが登場しますが、**豊かな発想力は、深刻な場面で焦らずに対応する余裕を生み出します。**ぜひ、本書に掲載されている回答例を超える、自由な発想をしてみましょう。

5

上司には「行きましょう！」とノリノリで応えつつ、コンプライアンスカードの相談窓口に連絡し、勤務時間外に拘束されていることを告発。社内飲み会という非効率な慣習を根絶する

6

偉人の発想5

優秀な人ほど上手な断り方を身につけている

投資家　ウォーレン・バフェット
作家　夏目漱石

仕事の関係者からの誘いは、断りづらいと感じる人もいるでしょう。しかし、相手に流されて了承してしまうのは、長い目で見た時に仕事のマイナスになることも多々あります。

世界最大の投資持株会社バークシャー・ハサウェイの筆頭株主でCEOのウォーレン・バフェットはビル・ゲイツにこう語っています。

「本当に重要なことだけを選んで、それ以外は上手に『ノー』と断ることが大切だ」

ビル・ゲイツは、この言葉を、ウォーレン・バフェットから受けた最良のアドバイスだと言っています。もしこの二人が「断る」ことが苦手で相手に流されるまま仕事をしていたとしたら、これほどの結果を生むことはできなかったでしょう。

ただ、いったん断ると決めたとしても、相手を気遣い、気分を害さないようにうまく断ることは大事です。

夏目漱石は、時の総理大臣、西園寺公望から文士のパーティーに誘われた際、断りの返事を俳句で送っています。

「時鳥《ホトトギス》　厠《かわや》　半ばに　出かねたり」

「ホトトギスが美しい声で鳴いているので見に行きたいが、トイレの真っ最中なので行けません」という内容の句ですが、トイレにいる時にホトトギスの鳴き声を聞くと不吉だという古い迷信に掛け、「そういう集まりを苦手にしています」という含みを持たせているそうです。もちろん、文豪の漱石であればこその断りの文句ですが、普通に伝えると角が立つ内容も工夫を加えることで、相手も思わず許してしまう断り方になりえます。

自分にとって本当に大事なことを優先するために、上手な断り方を身につけましょう。

6　課題の場面において、過去に偉大な業績を残した人物がどのような発想をしたかを紹介しています。

課題となる場面は全部で34あります。第1章から順に挑戦しても良いですし、自分の苦手とする課題や身につけたいスキルに進んでもかまいません。自由な使い方でお楽しみください。

それでは、本書を読むことであなたの仕事におけるストレスが軽減し、今以上に笑いのあふれた社会人生活を送れるようになることをお祈りしています。

著　者――水野敬也
岩崎う大
イラスト――岩崎う大

目次

第三章
ピンチを切り抜けるスキル

第四章
仕事を楽しむスキル

第一章

特に重要なスキル！

課題 1

イジワルな先輩と同じ職場で働くことになりました。対処法を教えてください

この場面で求められるビジネススキル

苦手な人とうまくやる

どんどん話しかけて自分のペースにする
先輩眉間のシワがすごいですよ
自分の成長のための訓練だととらえる
頭使えよ 頭を
ザコが
ハイ!!
よし!! 堪えた!! 「頭使えよ」攻撃も見切った!!
先輩のバックグラウンドを勝手に想像して許す
おせーよ タコ!!
スミマセン
しかたないよな 人にイジワルしないと 奥さんの病いが進行してしまうんだから…

意味深な本をデスクの上に
置いておく
くっ
パワハラの全て
パワハラ撲滅委員会監修

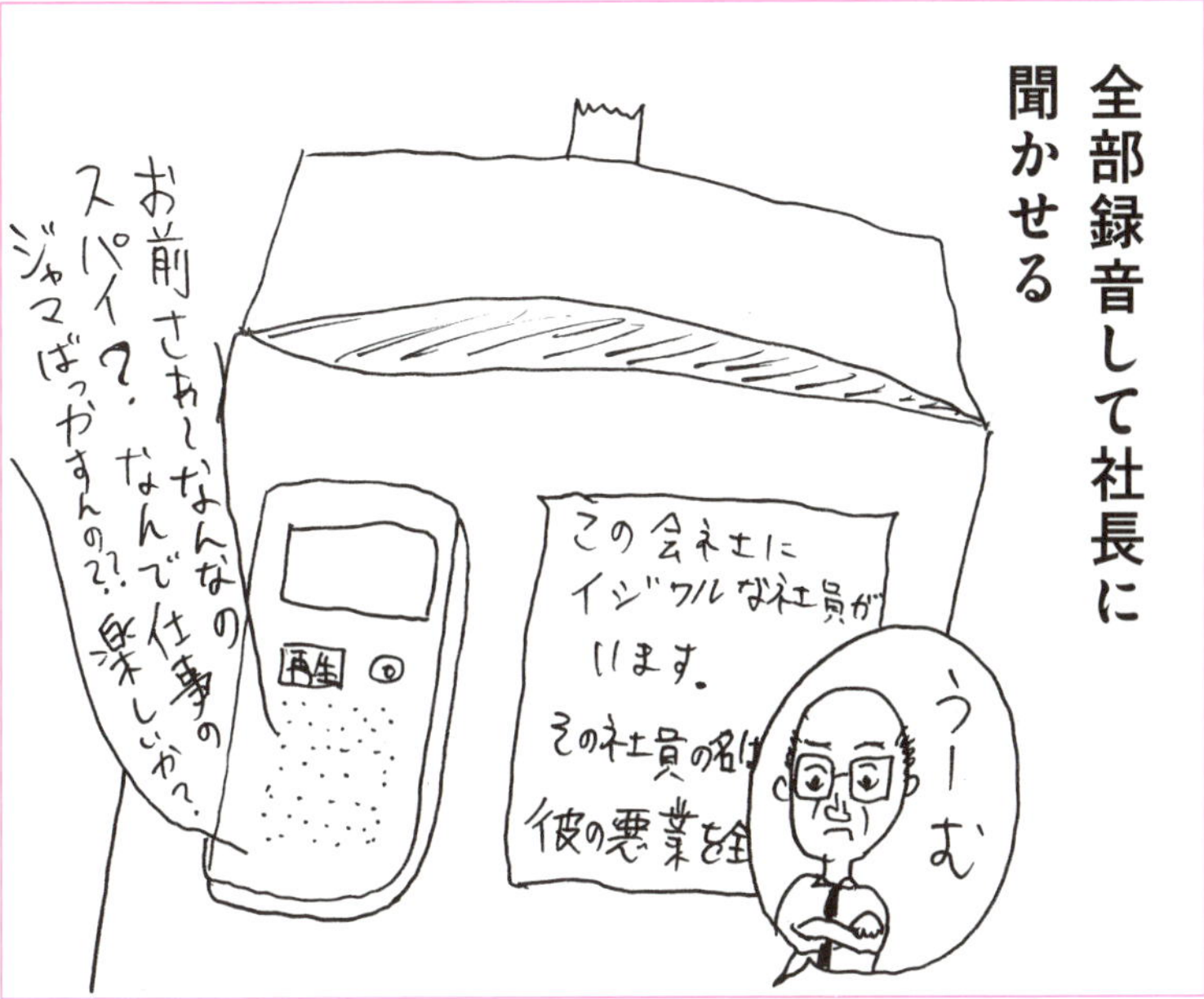
全部録音して社長に
聞かせる
お前さあ〜なんなの
スパイ？　なんで仕事の
ジャマばっかすんの？？　楽しいか〜
再生
この会社に
イジワルな社員が
います。
その社員の名は
彼の悪業を全
うーむ

上回る
マジで給料ドロボーだな
は？？
だまれ!!嫌われ者
この会社にあんたの誘われない
飲み会が何個あると思ってんだ？

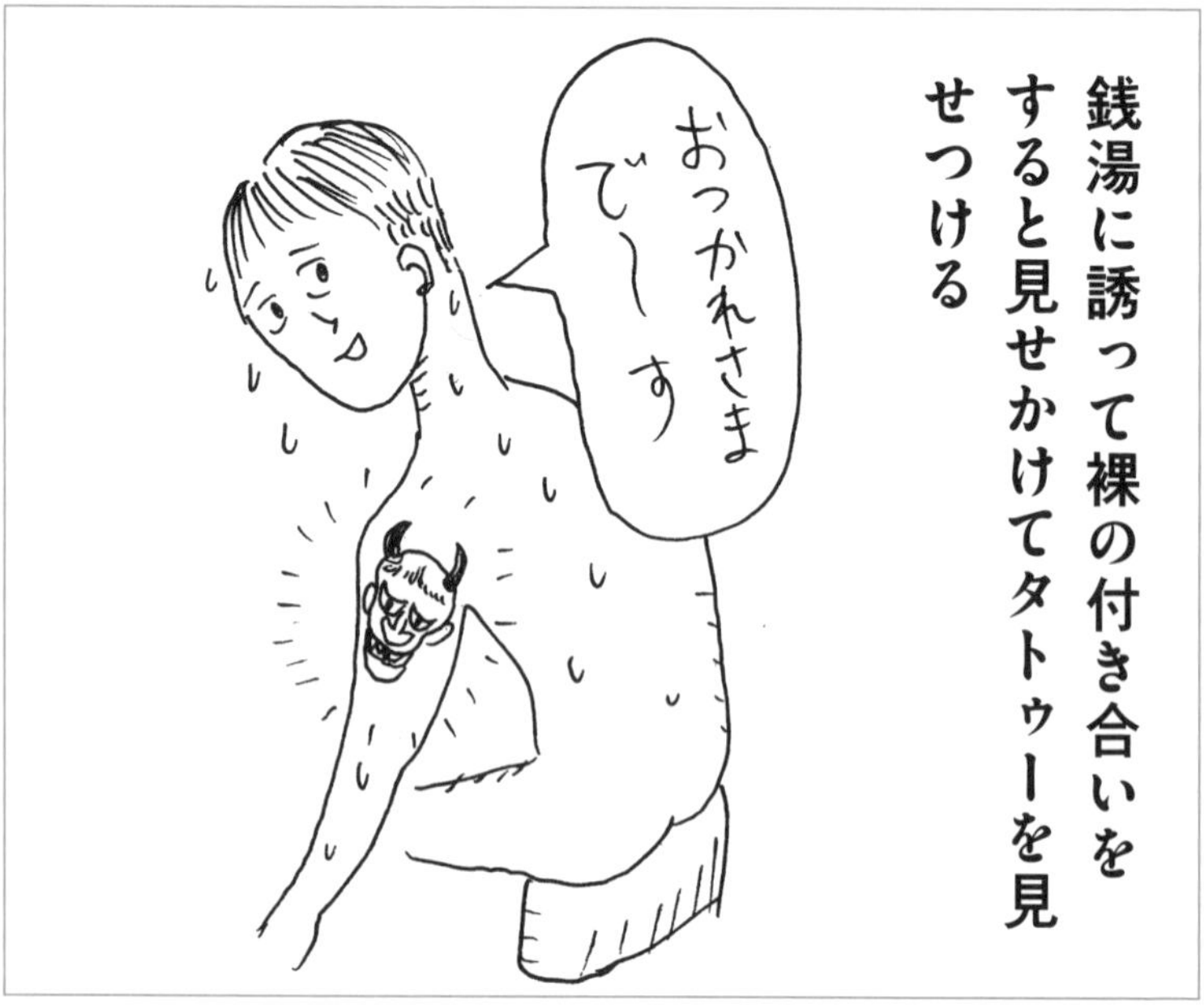
銭湯に誘って裸の付き合いをすると見せかけてタトゥーを見せつける
おつかれさまで〜す

社内のモンスター社員たちを呼び集め、イジワルな先輩の存在をかすませる

苦手な相手でも客観的に評価できれば関係は好転する

アメリカ初代大統領

ジョージ・ワシントン

心理学者フリッツ・ハイダーが提唱した「ハイダーのバランス理論」という心理的メカニズムがあります。これは、自分（A）と他者（B）と対象（C）には均衡状態と不均衡状態があり、不均衡の場合はその状態を解消しようとする心理が働くというものです。

たとえば対象（C）がゴルフだとして、Aはゴルフが好き、Bもゴルフが好きで、AがBのことを好きだった場合は均衡状態ですが、AがBのことを嫌いだった場合は不均衡状態になります。この場合は、Aはゴルフが嫌いになるか、Bのことを好きになることで不均衡を解消しようとするというわけです。つまり、苦手な人（B）がいた場合でも、その人と共通の好きなもの（C）を見つけることができれば、関係を改善していける可能性があるのです。

ただ、苦手な相手に対しては、つい感情的になってしまって、嫌な部分や短所ばかりが目についてしまうものです。しかし、どんな相手に対しても客観的な視点で評価することは、仕事で成果を生むために非常に大事なことです。

ジョージ・ワシントンがアメリカの初代大統領になった時、二人の人物が、政府のある重要な役職につきたいと名乗りをあげました。一人はワシントンの親友で、もう一人は政敵でした。この時ワシントンは迷わず政敵を採用したので、周囲の人がその理由をたずねたところ、こう答えたそうです。

「できれば親友の方を採りたいと思った。彼とは何でも語り合い、お互いよく分かっている。ただ、実務という点では政敵の方が優れていた。合衆国大統領として国のためを考えるならば私情に溺れるわけにはいかない」

これはワシントンがただ公正な人物であるというだけではなく、政敵の能力を客観的に見ていることを表しています。このように、個人的な感情に振り回されることなく相手の特徴や能力を評価することは、苦手な人とうまくやる大事なコツだと言えるでしょう。

課題2

上司の鼻毛が出ています。さりげなく指摘してください

この場面で求められるビジネススキル

さりげなく指摘する

「元気な鼻毛が出てます」と冗談っぽくさわやかに指摘する

「忙しいと鼻毛切り忘れちゃいますよね」と優しく指摘する

「鼻から髪の毛が出てます」と言って鼻毛の概念がないやつを演じる

「鼻毛…イヤ、部長」と一瞬呼び間違える

時候の挨拶に加える

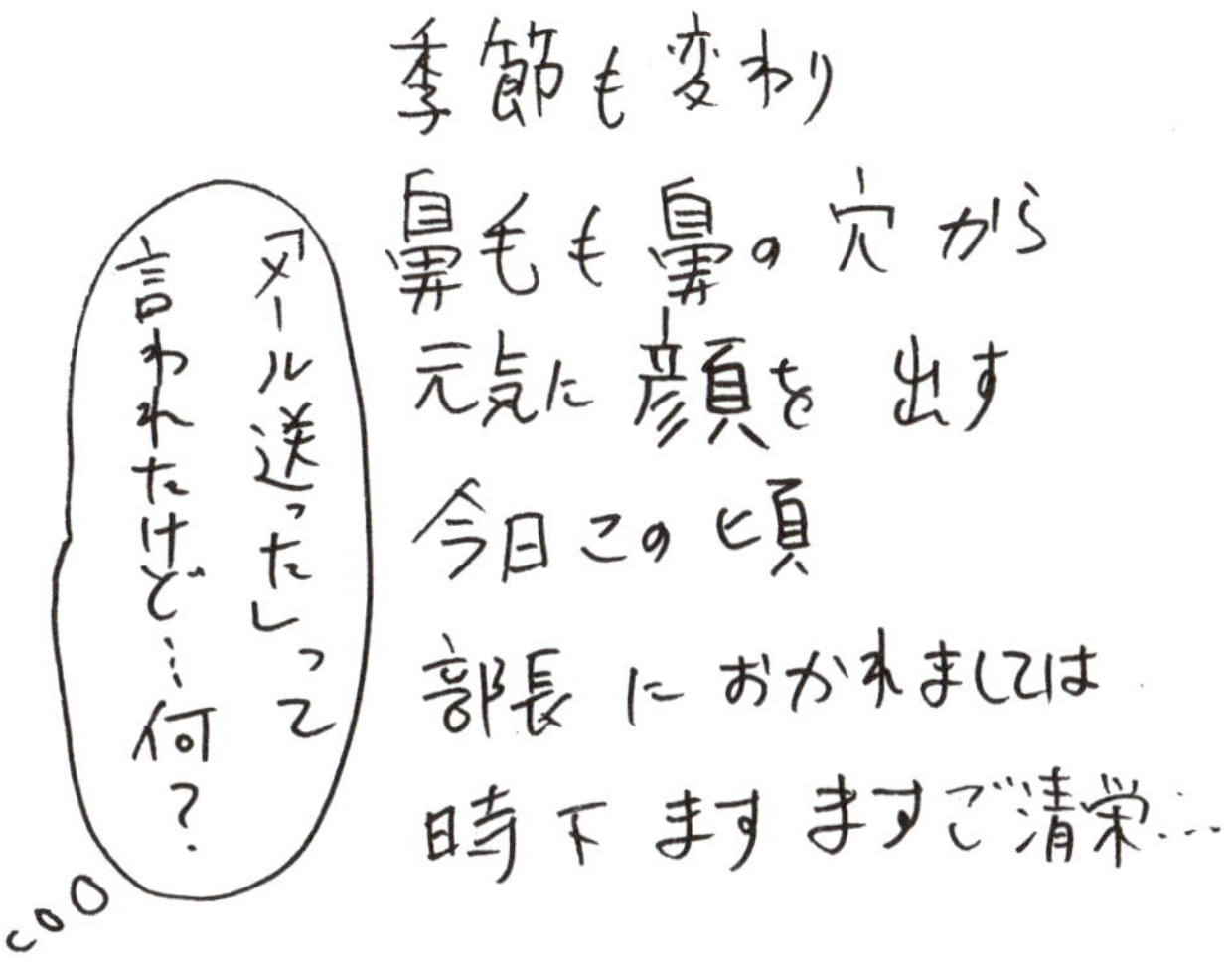

上司の母親に言ってもらう

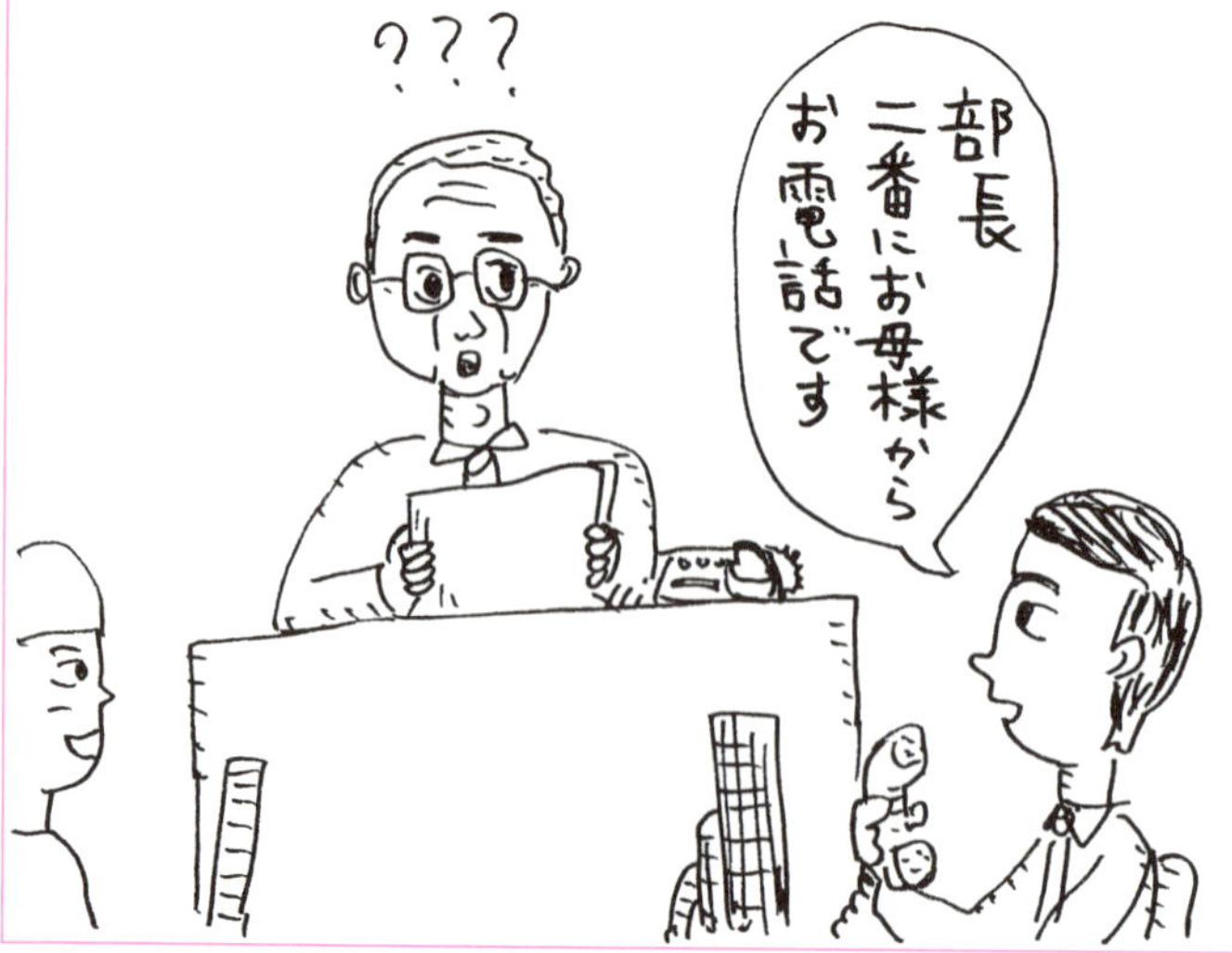

縦に読むとメッセージが現れるようにしておく

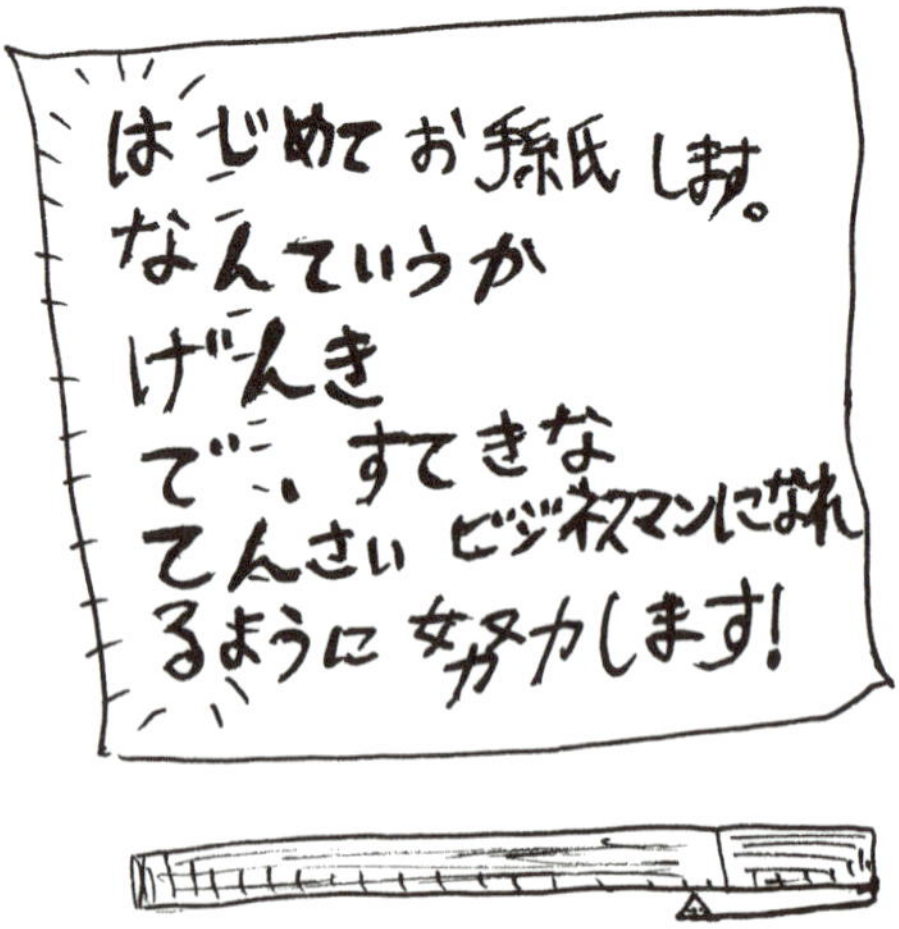

テロリストに扮《ふん》して会社に行き「お前ら全員人質だ。一か所に固まれ！　鼻毛出てるやつ、早く動け」と言い放つ

指摘の仕方によって相手の動きが大きく変わる

『葉隠』口述者
山本常朝《じょうちょう》

高松藩9代目藩主
松平頼恕《よりひろ》

「武士道といふは死ぬことと見つけたり」の有名な言葉で始まる山本常朝『葉隠』。この本は、勇ましい武士の精神について語ったものと思われがちですが、武士の処世術にも触れられています。(以下、要約)「他人の欠点を指摘するのはとても大切なことだが、意見の仕方には工夫が必要である。多くの者は、相手の欠点を言うのが親切のように思い、その意見が受け入れられなければ、相手を責める。しかし、それでは自分の気晴らしである。意見とは、まず、相手と親しくなり、そのうえで趣味の話などから入って、言い方にも工夫し、時節を考え、あるいは手紙などで、あるいは帰りがけなどに自分の失敗談などを話しながら、よけいなことを言わなくても思い当たるように仕向けるのがよい」。相手の欠点を指摘する際には、いかに相手を気遣い、注意深く行う必要があるかを語っています。

高松藩第9代目藩主、松平頼恕《よりひろ》が藩の名産品として鯛の養殖ができないかと家臣たちに相談したところ、家臣たちは「鯛は、潮の流れの強い所でないと育ちません。潮の満ち引きも重要で、飼うのは難しいでしょう」と理屈をつけ反対しました。この時、頼恕は「家臣たちは固定観念に囚われ過ぎている」と思いましたが、その場で指摘せず、次の指示を出しました。「池の水を全部海水に替えて、そこに鯛を放すように」。家臣たちが言われたとおりにすると、海水の池に放たれた大量の鯛は元気よく池の中を泳いでいました。すると頼恕は次の指示を出しました。「少しずつ海水と淡水を入れ替えるように」。こうして日に日に池の水は淡水に近づいていき、最後はまるっきり淡水になりましたが、鯛たちは平気な顔で泳いでいたのです。それを見た家臣たちは鯛の養殖に取り組み始めるとともに、すぐに間違いを指摘せず気付く機会を与えてくれた頼恕にますます忠誠を誓うようになったといいます。

このように、相手の間違いを指摘する時も、タイミングや伝え方によって説得力が大きく変わることを覚えておきましょう。

課題3

会社がつぶれた時に備えて、今のうちにできることを教えてください

この場面で求められるビジネススキル

危機に備える

会社が倒産した時
どうするかを調べておく
知らなかったぞ!!
保険がもらえるのかぁ
仕事頑張ってるな

貧乏になっても
大丈夫なように
生活水準を下げておく
今日も特製
ダブル日の丸弁当だ!!
ラーメン行こう!!

親と仲良くしておく
オヤジもオフクロも体だけは気を付けてくれよ〜
長生きしてくんなきゃやだよ
マンガ

有休を取って日雇い労働の空気感をつかんでおく

あらゆるコネを作っておく

昔の夢に向かってすぐに走り出せるようにバンドのメンバーを募集しておく

逆に今すぐ独立してライバル会社を立ち上げて今の会社を潰す

進化しておく

周囲の反対を押し切って危機に備えよう

農政家

二宮金次郎

1

833年、二宮金次郎は、昼食に食べたナスの味に首をかしげました。初夏だというのに秋ナスの味がしたのです。そこで稲や道端の草を調べたところ、葉の先が衰えていることが分かり、冷夏が来ると予想しました。金次郎は農民たちを集め、冷害に強いヒエや、地下に出来る芋、大根、カブなど飢饉に強い野菜を栽培するように勧めました。農民たちは、「今年の米の豊凶を初夏に知ることができるわけがない。そんなにヒエばかり作っても、誰も食べたがらない」と反対しましたが、金次郎は説得を続け、農民たちも次第に彼の考えに従うようになりました。そして、夏が来ると、金次郎の予想どおり気温が上がらず稲が育ちませんでした。天保の大飢饉が始まったのです。この大規模な飢饉によって全国で数十万人の餓死者が出ましたが、金次郎の暮らす村では雑穀の蓄えが十分にあったので、餓死者を一人も出しませんでした。

これは遠い昔の例だと思う人もいるかもしれませんが、現代社会においても危機に備えられるかどうかは人命や会社の存続に関わってきます。ある自動車部品メーカーは、予期しない災害が起きた時にお互い支援するという「防災協定」を、出入り企業や関係会社と結んでいました。この会社は、阪神・淡路大震災が起きた時、短期間で復旧することに成功した数少ない会社となりました。

問題が起きていない時、危機に備えようとしても周囲の反対に遭うものです。しかし、実際に危険が迫ってきた時に対処しようとしても間に合いません。危機に備えるためには、自らリーダーシップを取って行動を起こすことが大事です。

課題4

ケンカをした同僚と仲直りしてください

この場面で求められるビジネススキル

悪化した関係を修復する

差し入れする
さっきゴメン
おいしいプリン
ゴトッ

誰かに仲を取り持ってもらう
謝りたいんだと

言い合いのスキルを称える
効いたぜえ
悪口が終始一貫してたもん
ぐすん

「言い合いになりそうだったな」
と話しかけて言い合いには
なってなかったことにする
あぶなかったよな

記念樹を植える
ぶつかり合ったな！
ああ
友情の証

割り勘でチワワを買って育てる

同僚の好きなラーメン屋に修行に行き、同僚が深夜腹をすかせたころにラーメンを届ける

自分の妹に逆ナンしてもらって二人が付き合いだした後に兄だと告げ、二人の交際を気持ちよく許す

和解ができる人は人の気持ちに精通している

元首相
田中角栄

陸軍大将
乃木希典《のぎまれすけ》

「瞬間湯沸《わ》かし器」という異名を持ち、感情の起伏が激しかった田中角栄は仲直りの名人でもありました。角栄がロッキード事件の被告となっていた時、角栄派の重鎮だった田村元《はじめ》は事務所を訪れ、裁判に備えて用意周到に動いていた角栄に対して「裁判所の印象を悪くするだけだ。被告人らしくおとなしくしていた方が良い」と諫《いさ》めました。角栄はこの忠告に対して激怒し、手元にあったマッチ箱を田村に向かって投げつけましたが、それに怒った田村もマッチ箱を拾い上げると投げ返し、田村はそのまま「帰る！」と叫んで帰ってしまったそうです。

その夜、角栄から田村の自宅に電話が入ります。

田村は、派閥の大将である角栄に昼間無礼を働いたことを謝罪しようとしますが、角栄はそれを遮《さえぎ》るように「そんなことは、どうでもいいんだ。それより今一人で飲んでる。みんな帰ってしまって。こっちに来てくれないか。一緒に飲もう」と言ったのです。田村はすぐにタクシーで角栄の元に向かい、そこで双方が詫びウィスキーを飲み明かしたといいます。仲直りをする時は、角栄のように思い切って相手の懐に飛び込む姿勢が必要だと言えそうです。

日露戦争で旅順を陥落させて世界を驚かせた乃木希典将軍は、ロシアのステッセル将軍と会見しました。この時写真撮影を申し出る海外のメディアに対し乃木は「後世までロシアの将軍の恥を残すようなことは日本の武士道が許さない」といったんは拒否しますが、「友人として同列に並んだところなら」と、一枚だけ写真を許可しました。普通このような講和会見では降伏した側の将校たちは丸腰にされますが、乃木は敵将に敬意を表し、まるで同盟国の将校同士のように軍装に帯剣姿で並んで写真を撮影したのです。会見の終わりにステッセルが愛馬を乃木にプレゼントしたことからも、ステッセルがいかに乃木の対応に感謝をしていたのかが窺《うかが》えます。

相手の自尊心や置かれている立場に配慮することで、より良い形の和解ができるはずです。

課題 5

上司の飲みの誘いをうまく断ってください

この場面で求められるビジネススキル

うまく断る

体調や家族の都合など
やむを得ない理由で断る

他の予定と板挟みになって苦しい自分をアピールし、上司に身を引かせる

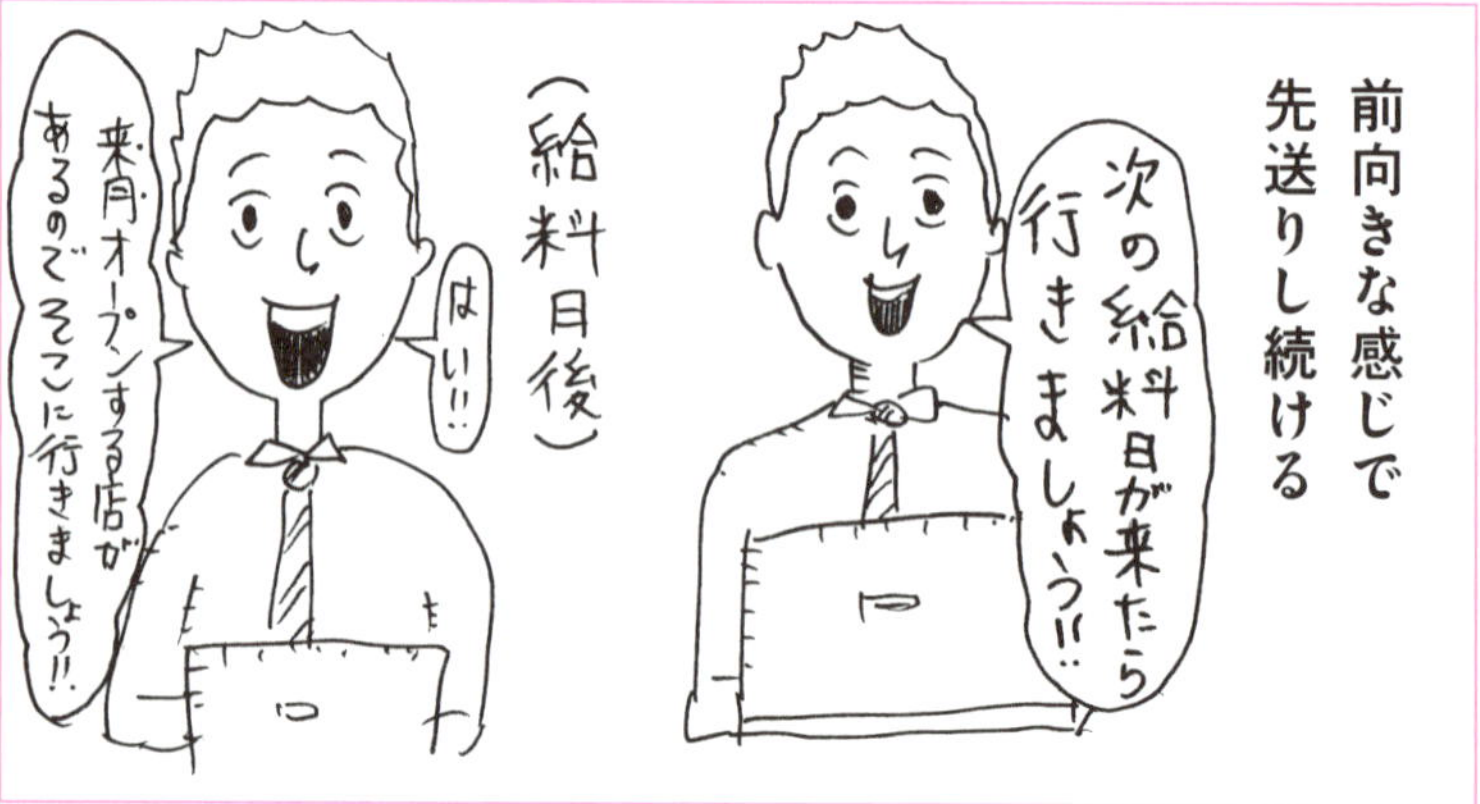

前向きな感じで先送りし続ける

異常に高い店を提案して
気持ちを萎えさせる
この店 良くなーいですかァ
海外から来た王族が必ずいく店らしいです!!

行くと即答した直後に
上司の机の角に肝臓を
ぶつけてのたうつ
では後ほど!!
ガン
肝臓があ!!
肝臓をやられた!!
わあああ
う、う、う

「とことん飲みましょう」と言って渡したウコンドリンクに下剤を混ぜておく
朝までいくぞ〜
そのためにもグビッといっちゃいましょ!!
どうぞっ
ウコン

酒癖の悪さをそれとなく伝える
いいっすね〜こないだ森下部長との飲み会もすごく盛り上がって動画撮ったんですよ
ぶふっ
お前さぁカッパなんだからもっと飲めよ〜!!
やめろって
ペチペチ
・・・ちょっと日を改めよう・・・

上司には「行きましょう！」とノリノリで応えつつ、コンプライアンスカードの相談窓口に連絡し、勤務時間外に拘束されていることを告発。社内飲み会という非効率な慣習を根絶する

優秀な人ほど上手な断り方を身につけている

投資家 ウォーレン・バフェット
作家 夏目漱石

仕事の関係者からの誘いは、断りづらいと感じる人もいるでしょう。しかし、相手に流されて了承してしまうのは、長い目で見た時に仕事のマイナスになることも多々あります。

世界最大の投資持株会社バークシャー・ハサウェイの筆頭株主でCEOのウォーレン・バフェットはビル・ゲイツにこう語っています。

「本当に重要なことだけを選んで、それ以外は上手に『ノー』と断ることが大切だ」

ビル・ゲイツは、この言葉を、ウォーレン・バフェットから受けた最良のアドバイスだと言っています。もしこの二人が「断る」ことが苦手で相手に流されるまま仕事をしていたとしたら、これほどの結果を生むことはできなかったでしょう。

ただ、いったん断ると決めたとしても、相手を気遣い、気分を害さないようにうまく断ることは大事です。

夏目漱石は、時の総理大臣、西園寺公望から文士のパーティーに誘われた際、断りの返事を俳句で送っています。

「時鳥《ホトトギス》　厠《かわや》　半ばに　出かねたり」

「ホトトギスが美しい声で鳴いているので見に行きたいが、トイレの真っ最中なので行けません」という内容の句ですが、トイレにいる時にホトトギスの鳴き声を聞くと不吉だという古い迷信に掛け、「そういう集まりを苦手にしています」という含みを持たせているそうです。もちろん、文豪の漱石であればこその断りの文句ですが、普通に伝えると角が立つ内容も工夫を加えることで、相手も思わず許してしまう断り方になりえます。

自分にとって本当に大事なことを優先するために、上手な断り方を身につけましょう。

課題 6

プロジェクトが大失敗に終わりました。同じ失敗を繰り返さないための反省方法を教えてください

この場面で求められるビジネススキル

次につながる反省をする

失敗の要因を
みんなでリストアップして
共有する
今回の失敗要因
・詰めが甘かった
・準備不足
・仲間を信じれなかった
・田中の遅刻
他に?

社内の壁に失敗
要因を貼っておく
詰めるとこ詰める!!
仲間を信じろ!!
準備は大事!!
田中の遅刻!!
田中さん
お電話です
ありよ

時間が経ってから
もう一度知らしめる
ためにアラームを
セットする
ピピピピピピピ
一カ月前の今日!!!
お前は仕事で大失敗した
忘れるな!!
!!

通勤中、自分で吹き込んだ反省ソングを聴く

鏡に向かって自分のダメなところを叫び罵倒《ばとう》し、そのあと優しい眼差しで慰《なぐさ》める

失敗するたびにその時社内で
一番気になっている異性に
失敗内容が届くシステムにする

成功したら得られていたであろう恩恵
をひとつ残らず想像することで現実と
のギャップに苦しみ、反省につなげる

失敗プロジェクトのお墓を建て、毎月命日にお参りする
今度のプロジェクトは成功しそうなんです
××○プロジェクト
2014年2月5日
失敗
○×プロジェクト
2012年10月2日
失敗

偉人の発想6

反省の姿勢が大きな成長を生み出す

本田技研工業創業者
本田宗一郎
トヨタグループの創始者
豊田佐吉

本田技研の創業者、本田宗一郎は1936年に会社を設立しました。その理由は、エンジン性能を高めるための部品・ピストンリングを開発するためでした。当時、ピストンリングは銀と同じくらいの価値がありましたが、宗一郎が勤めていたアート商会の役員はこうした新規事業に反対したのです。宗一郎は、毎日工場で試作実験を繰り返し、髪と髭は伸び放題になり熊のような風体になったそうです。しかしそれでもピストンリングは完成せず、宗一郎は「金属に関する高度な知識が必要だ」と反省し、浜松高等工業の聴講生となりました。そこで吸収した知識を使い、ピストンリングを完成させたのです。宗一郎はこんな言葉を残しています。「人には失敗する権利がある。だが、それには反省という義務がつく」

世界有数の自動車メーカー・トヨタの原点は創業者・豊田佐吉の開発した「自働織機」

にあります。佐吉は、「自動」ではなく「自働」にこだわりました。ただ自動で動く機械ではなく、人間と同じようにしっかりと仕事を成し遂げる「働き手」となる機械の完成を目指したのです。ただ、理想の「自働織機」の完成までには紆余曲折があり、最大の苦労は、「機械は途中で糸が切れてもそのことに気付かずに生産を続け、大量の不良品を生み出してしまう」という機械特有のトラブルでした。つまり、機械の最大の欠点は「反省することができない」ことで、それがまさに人間と機械の差だと気付いた佐吉は機械自体に、「失敗に気付く」装置を取りつけたのです。そして、トラブルが起きた際は自動で運転が停止する仕組みにしました。その結果、大量の不良品を作り出す点は改善され、生産性が飛躍的に向上したのです。また、このシステムは自動車生産ラインにも採用され、「トヨタ生産方式」の核となりました。

現在は世界的に有名な企業であるホンダとトヨタですが、その成長の秘訣は反省する姿勢にありました。どんな失敗に対しても前向きに反省し、挑戦し続けましょう。

課題7

左遷が決まりました。前向きにとらえて楽しんでください

この場面で求められるビジネススキル

逆境を楽しむ

事前にその土地を調べて自分を盛り上げる

左遷先の職場の人たちの気持ちになって、どういう人間が来たら喜ぶかを想像し、実行する

なりたかったタイプにキャラを変えるチャンスととらえる

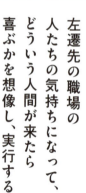

のちのち自伝を書く時、
いったん苦汁を舐めないと盛り
上がらないからな、と考える

現地で撮れる最高の一枚を
撮り、SNSにアップして
「こっちが勝ち組」感を出す

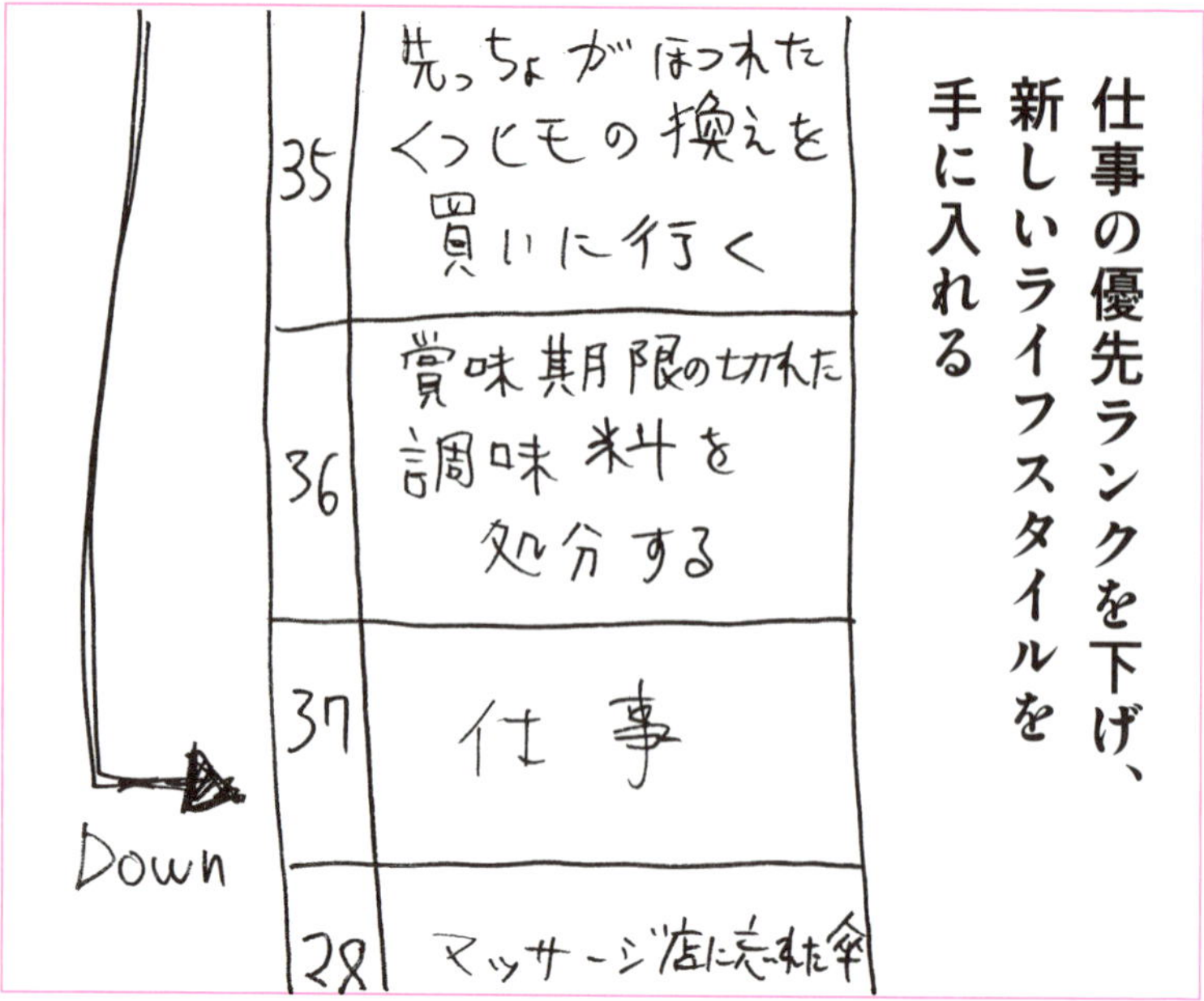
仕事の優先ランクを下げ、新しいライフスタイルを手に入れる
35 先っちょがほつれたくつヒモの換えを買いに行く
36 賞味期限の切れた調味料を処分する
37 仕事
38 マッサージ店に忘れた傘
Down

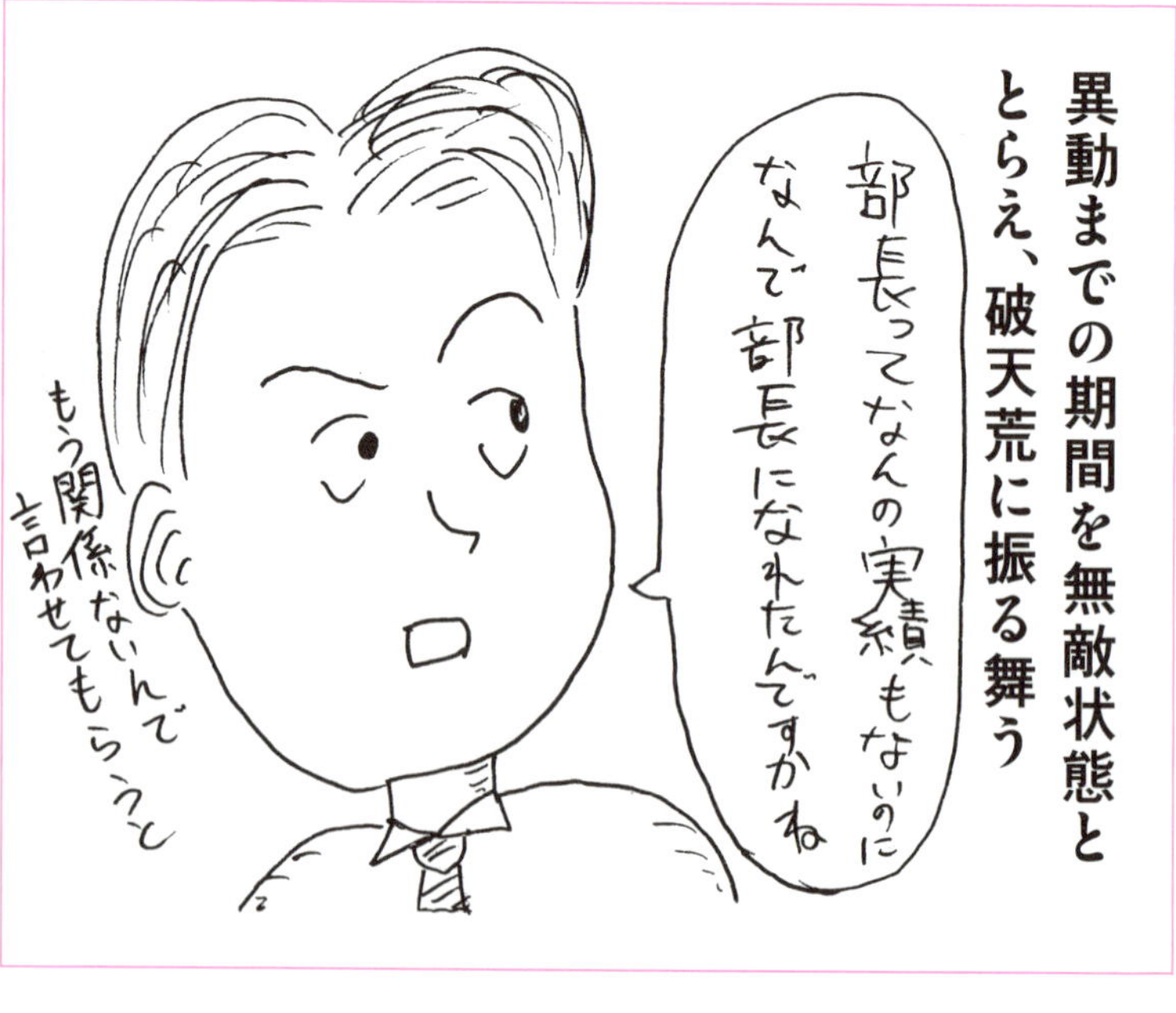
異動までの期間を無敵状態ととらえ、破天荒に振る舞う
部長ってなんの実績もないのになんで部長になれたんですかね
もう関係ないんで言わせてもらうと

「左遷先ハワイ！」と言われるまで左遷され続ける

逆境で前を向く姿勢が大きなチャンスをつかむ

万年筆の父
ルイス・エドソン・ウォーターマン
日本セラミック創業者
谷口義晴

1883年、保険勧誘員として働いていたルイス・エドソン・ウォーターマンは、契約書のサイン用に持ってきた万年筆がインク漏れしていたせいで、相手を怒らせてしまい大口の契約を逃してしまいました。普通の人なら落ち込む場面であり、実際にウォーターマンも落ち込んだでしょうが、彼はこの失敗をバネに新たな行動を起こします。物づくりのノウハウも何もない状態でしたが、決してインク漏れを起こさない万年筆の開発を始めたのです。この時ウォーターマンは46歳でした。こうしてウォーターマンが発明した、毛細管現象を応用してインクをコントロールする技術は現在販売されている多くの万年筆に使われており、ウォーターマンは万年筆の父と呼ばれるまでになったのです。

日本セラミックの創業者の谷口義晴は、もともと電子部品メーカーで働いており、人望が厚く仕事熱心な課長として評価されていました。しかし38歳の時、会社が第一次オイルショックの余波で大量リストラを行う中、上司の「自分が良い技術を持っていると思うなら会社をやめなさい。技術がないのなら、会社にぶらさがっていればいい」という厳しい言葉がきっかけで独立を決意します。谷口は日本セラミックを創業し、当時はまだその言葉すら知られていなかった「センサー」の開発に必死で取り組み成功させました。こうして日本セラミックは、創業から10年足らずで世界中の国にセンサーを輸出する大企業に成長したのです。会社が大量のリストラを行う中、その逆境を前向きにとらえる姿勢がセンサーの技術を生み出したと言えるでしょう。

自分の力を信じて前を向くことで、ピンチをチャンスに変えることができます。

課題 8

仕事中にできるダイエット法を教えてください

この場面
で求められる
ビジネススキル

健康を管理する

エレベーターを使わない
オレはトレーニングステップス（階段）でいくぜ!!

いちいちダイナミックに動いてみる
部長!!
例の
資料!!
です
スタッ
ピョン
キュッ

これをやめる
コピーお願い〜
シャー!!!

仕事でテンパった時に
思いっきり身体で表現する

謝罪中に頭を下げている
時に鉄アレイを
首に掛けてもらう

ダブルダブルクリックにする

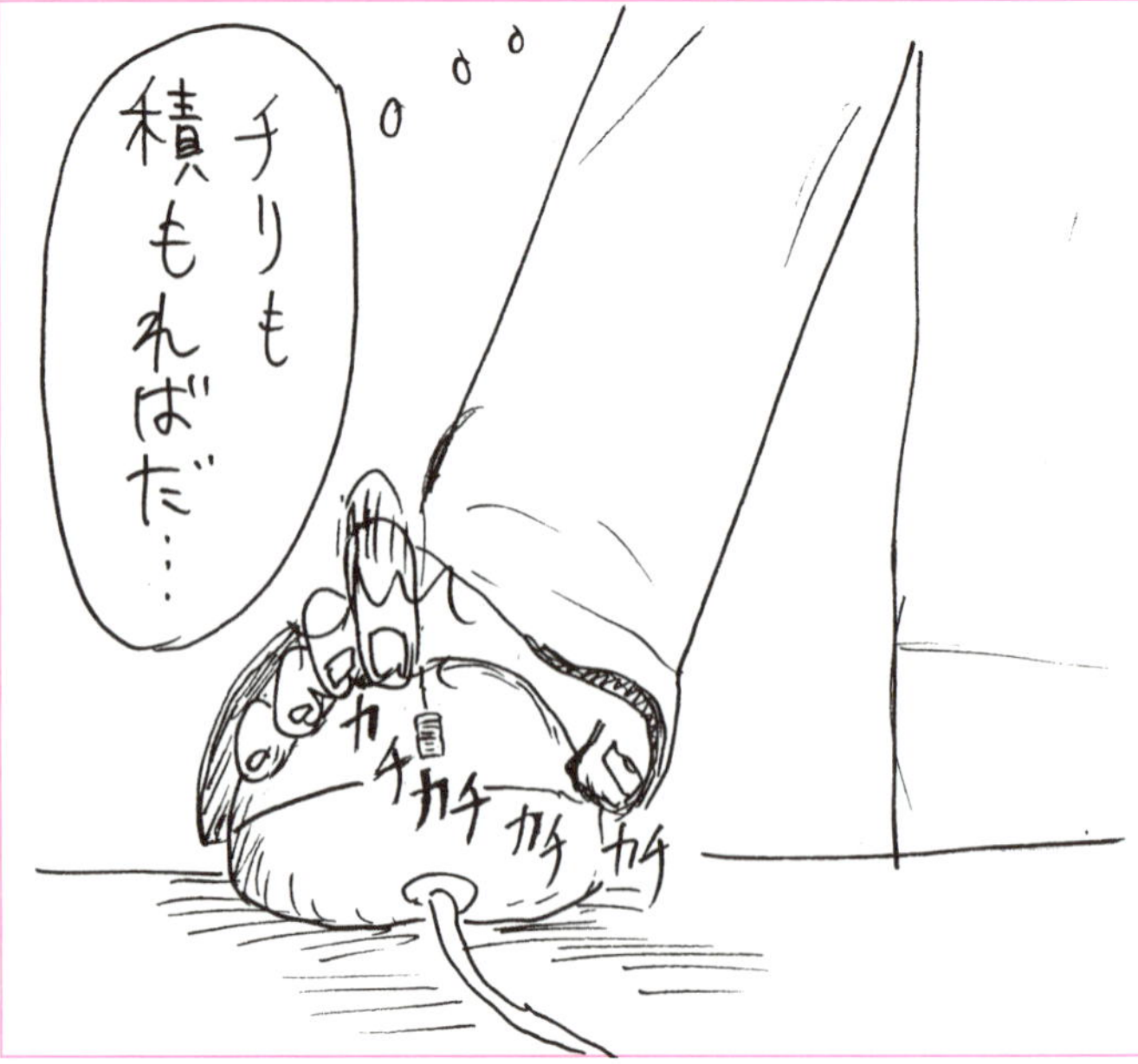

コピー機をボルダリングしなければ行けない場所に設置する

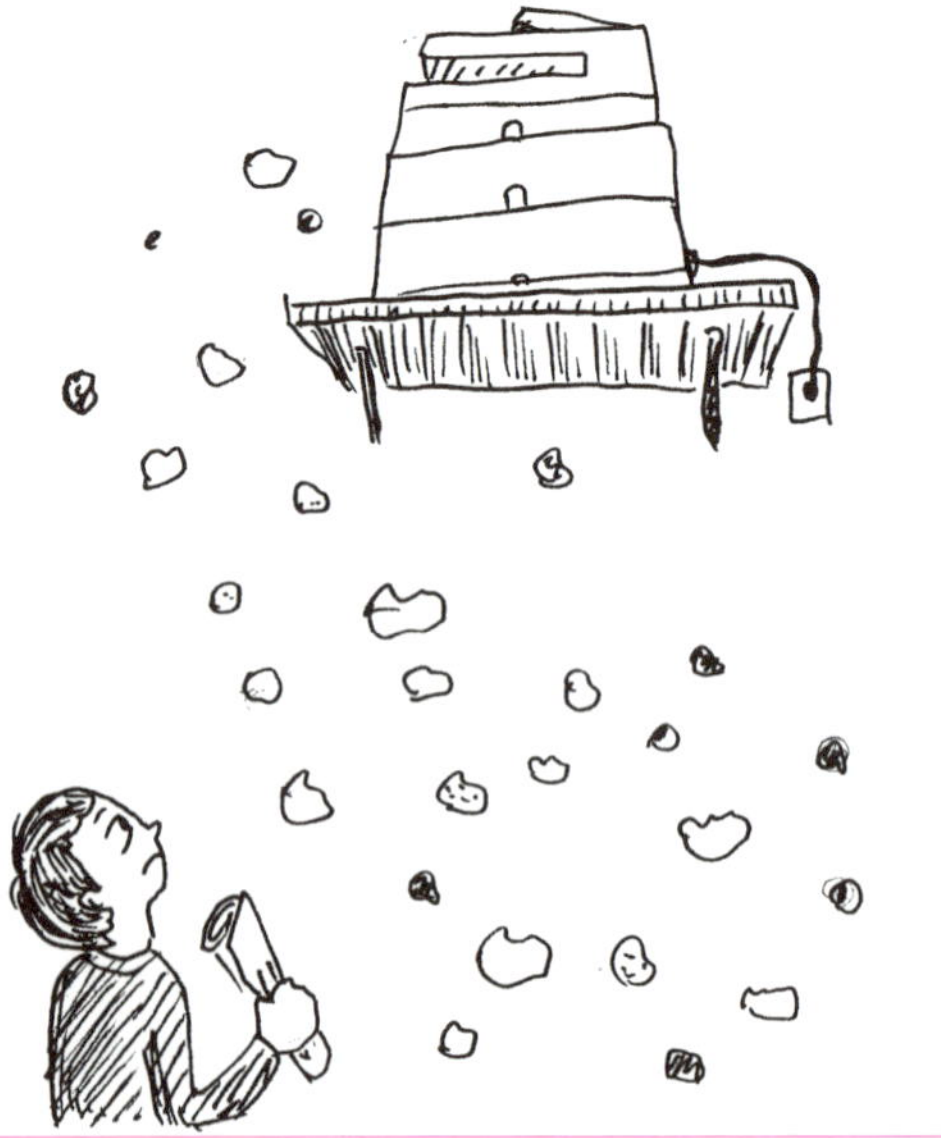

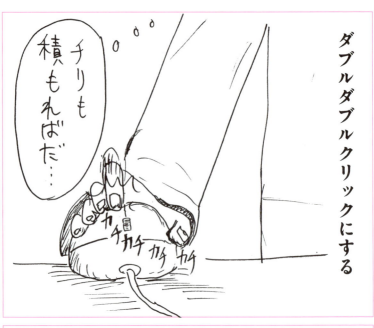

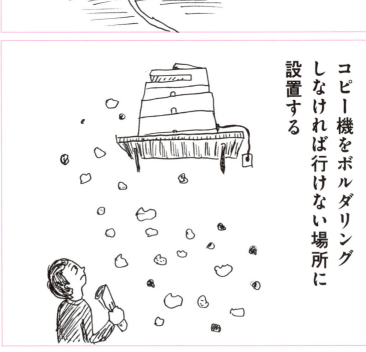

会議中に過激なH動画をギリギリの音量で再生し、バレるかもという恐怖でかく冷や汗でやせる

数字数字って言いますけど
こいつらだって少ない人手で頑張ってるんですよ!!

偉業を陰で支えていたのは「健康管理」だった

哲学者 イマヌエル・カント
発明王 トーマス・エジソン

ドイツの哲学者イマヌエル・カントは、幼少期から体が弱く喘息《ぜんそく》気味で、成人しても身長が150センチほどしかありませんでした。子供の頃の口癖は「苦しい、息ができない、だるい、死にたい」だったそうです。しかし、17歳の時に医者から「君は体の方は気の毒だが、心は健康だ。そのことに感謝して、勉強に打ち込みなさい」と言われて感銘を受けて以来、言い訳するのをやめて努力するようになり、健康にも気を遣うようになったそうです。大人になったカントは、一年間365日、朝5時に起きて夜10時には寝るという徹底した健康管理を行います。毎日決まった時間に散歩するカントを街の人が時計代わりにしたという逸話も残っています。そしてカントが57歳の時、西洋哲学上最も重要な書物と称される『純粋理性批判』を発表しました。もともと虚弱体質だったカントが57歳という年齢でこの偉業を成し遂げるには健康管理が不可欠だったはずです。

発明王トーマス・エジソンは、一日18時間に及ぶハードワークをこなしながら、実は健康に気を遣っていた人物です。エジソンは65歳の時に、「人間の体は機械と同じで常日頃からの手入れが大切だ。少しでも故障したら修理してメンテナンスをしておくことに尽きる」と大病せずに過ごした半生を振り返っています。食事は少量をよく噛んでゆっくり食べるのを常とし、自身を性能の良いエンジンに例え「私は余分なガソリンは食わない」と言っていました。

仕事が忙しいと感じている人ほど、仕事で成果を出すためには健康管理が大事であることを思い出し、健康を気遣う習慣を身につけましょう。

課題9

あなたの勤めるＩＴ企業が
回転寿司のチェーン店に
買収されました。
ＩＴ企業ならではの
ノウハウを回転寿司に
活かしてください

この場面
で求められる
ビジネススキル

強みを活かす

アルゴリズムでどの
魚を仕入れるかを決め、
利益率を上げる
ハイ!! サバ発注〜!!
ハイッ!! サバ発注 しまーっす!!
カタカタ

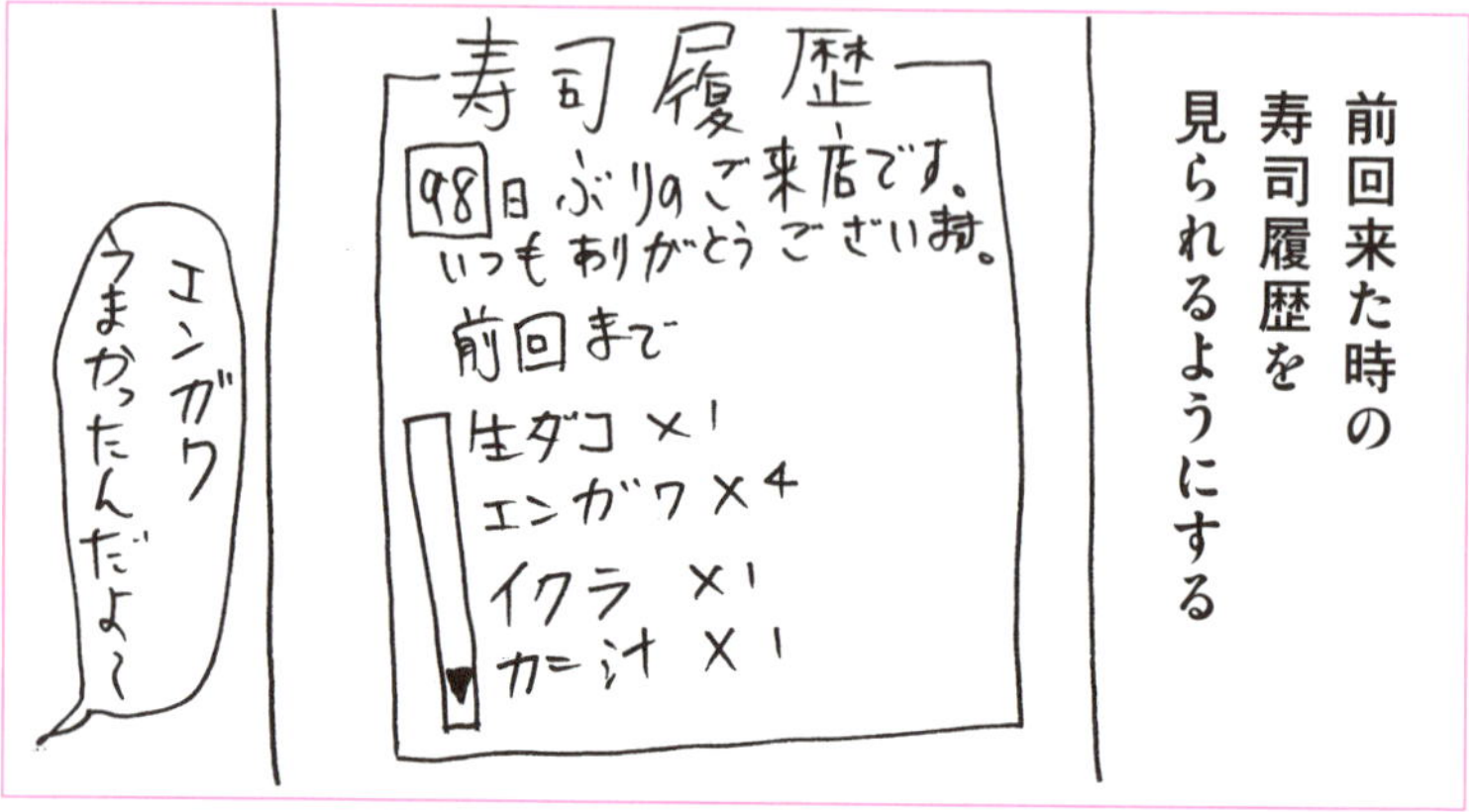
前回来た時の
寿司履歴を
見られるようにする
寿司履歴
98日ぶりのご来店です。
いつもありがとうございます。
前回まで
生ダコ ×1
エンガワ ×4
イクラ ×1
カニ汁 ×1
エンガワ うまかったんだよ〜

人が話題にしたくなる
ような商品を作り、
SNS等で広めてもらう
グロカワイイ♡
メッチャうまそ〜!!

オークションにして人気の寿司の値段を吊り上げる

VR《バーチャルリアリティ》を使って凄腕の職人が握っているように見せる

ＩＴ寿司とは名ばかりの
高岡逸二が一生懸命
握っているだけの寿司屋
いらっしゃい
高岡逸二(72)
高岡

ペッパー君が握り、ルンバが運ぶ。
そしていつしか客さえもが…
イラッシャイマセ
ナニニギリマショウカッ

注文した時は新鮮であったであろう寿司がアマゾンで届く

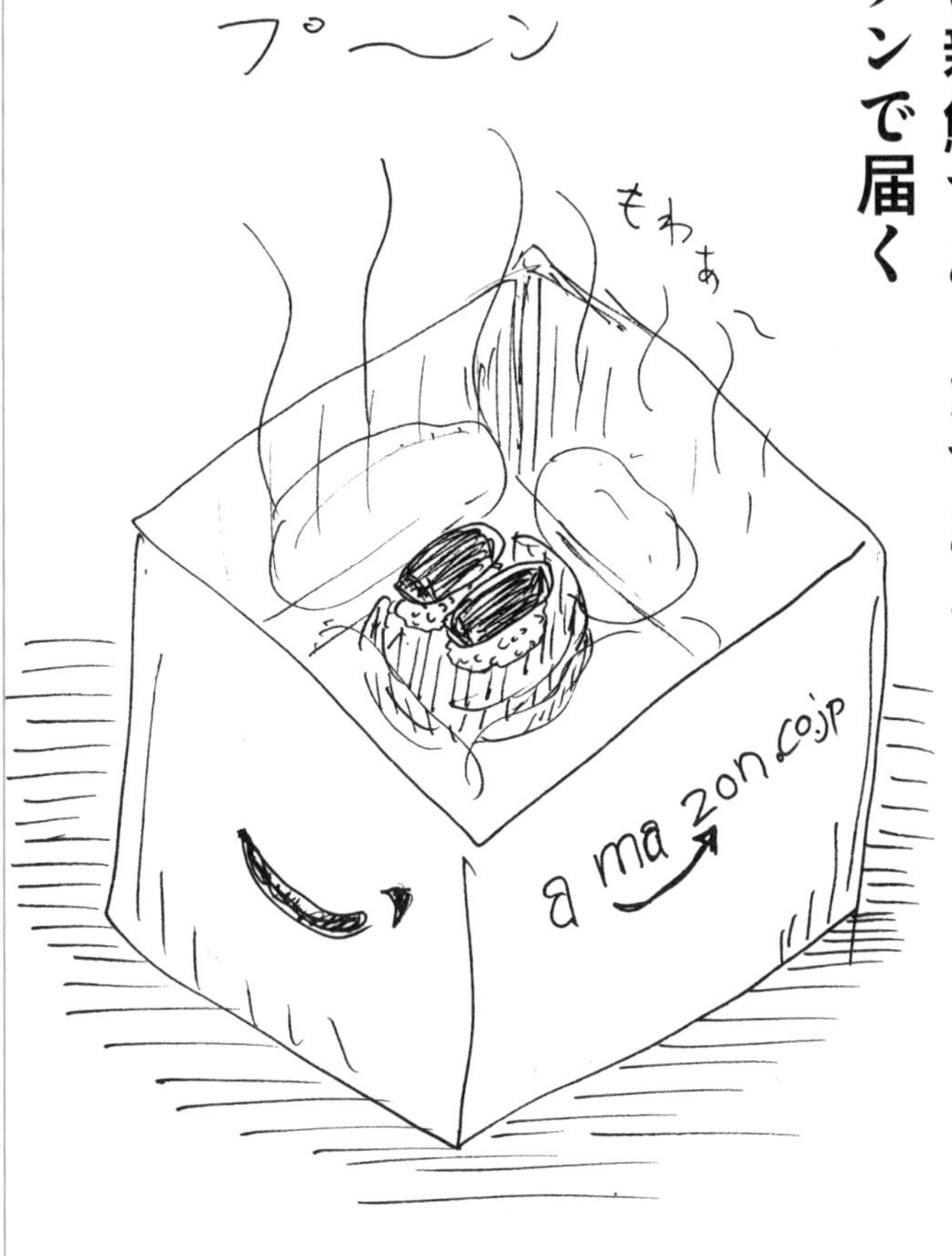

自分の強みを信じて伸ばし続けることが「オリジナリティ」になる

世界的ポスター画家

レイモン・サヴィニャック

仕事において「自分の強みを活かすことが大事」とはよく言われます。しかし、自分の強みが何であるか具体的に言える人はそれほど多くはありません。その原因は、「時代の流行」に影響を受けすぎているからかもしれません。得意分野があったとしても、その職業や技法が世の中から軽視されていると、自分自身も見落としてしまう可能性があります。

のちにフランスのポスター界の巨匠と呼ばれるレイモン・サヴィニャックは20年に及ぶ下積み生活の末、『牝牛のお乳からできた石鹸《せっけん》』のポスターが絶賛され、売れっ子ポスター画家となりました。その時、彼は41歳になっていました。ところが、その後、写真技術の普及でポスター画家の需要は減少、1970年代はサヴィニャックにとって再び不遇の時代になったのです。ここで、通常の画家であれば時代に合わせて作風を変えることも考えたでしょう。しかし、サヴィニャックは、確立した自分の絵柄こそが強みだと考え、同じ画風の作品を描き続けました。そして1981年に、彼が手がけた、自動車メーカー・シトロエン社の広告キャンペーンポスターが高評価を受け、再び人気画家へと復活したのです。当時業績不振に喘いでいたシトロエンの広告プロデューサーは、「とにかく斬新な広告アイデアを」と、写真広告全盛期に、あえてサヴィニャックの手描きのポスターを採用することを思いついたといいます。

一時の評価に振り回されず、自分の得意分野を信じて伸ばし続けましょう。

第二章

出世するスキル!

課題10

名刺交換の際に、相手の名前を確実に覚えられる方法を教えてください

この場面で求められるビジネススキル

相手の名前を覚える

会話の中で何度も口に出して言ってみる
小沢さんがさっき小沢さんの口からおっしゃった意見
東山さんはどう思いますか？
そして東山さんの隣りの
前田さんの小沢さんに対する
意見が聞きたいです

漢字のイメージで覚える
「木林山」
きっと自然が好き
「米田」
きっと食いしん坊
「水沢」
きっとカッパ

勝手な異名をつけて覚える
家の前が原っぱの「前原」
横に来ると妙にザワつく「横沢」
1ランク上の男「上野」

ネームプレートを用意する
発言するのに緊張する…
高倉陽介
所沢健二
花沢友紀
一安心だ

本人に覚え方を聞く
え？何でしょう…
山のように大きい口で「山口」ですかね？
アハハハ…
この微妙な空気も込みで記憶に残るぞ～

最新のテクノロジーで角膜にテロップが出るようにする

日頃から名前さえ覚えれば良いという体《てい》にしておく

狙撃手を雇い自分に照準を定めさせ、名前を覚えられていなかったら即、引き金を引いてもらう

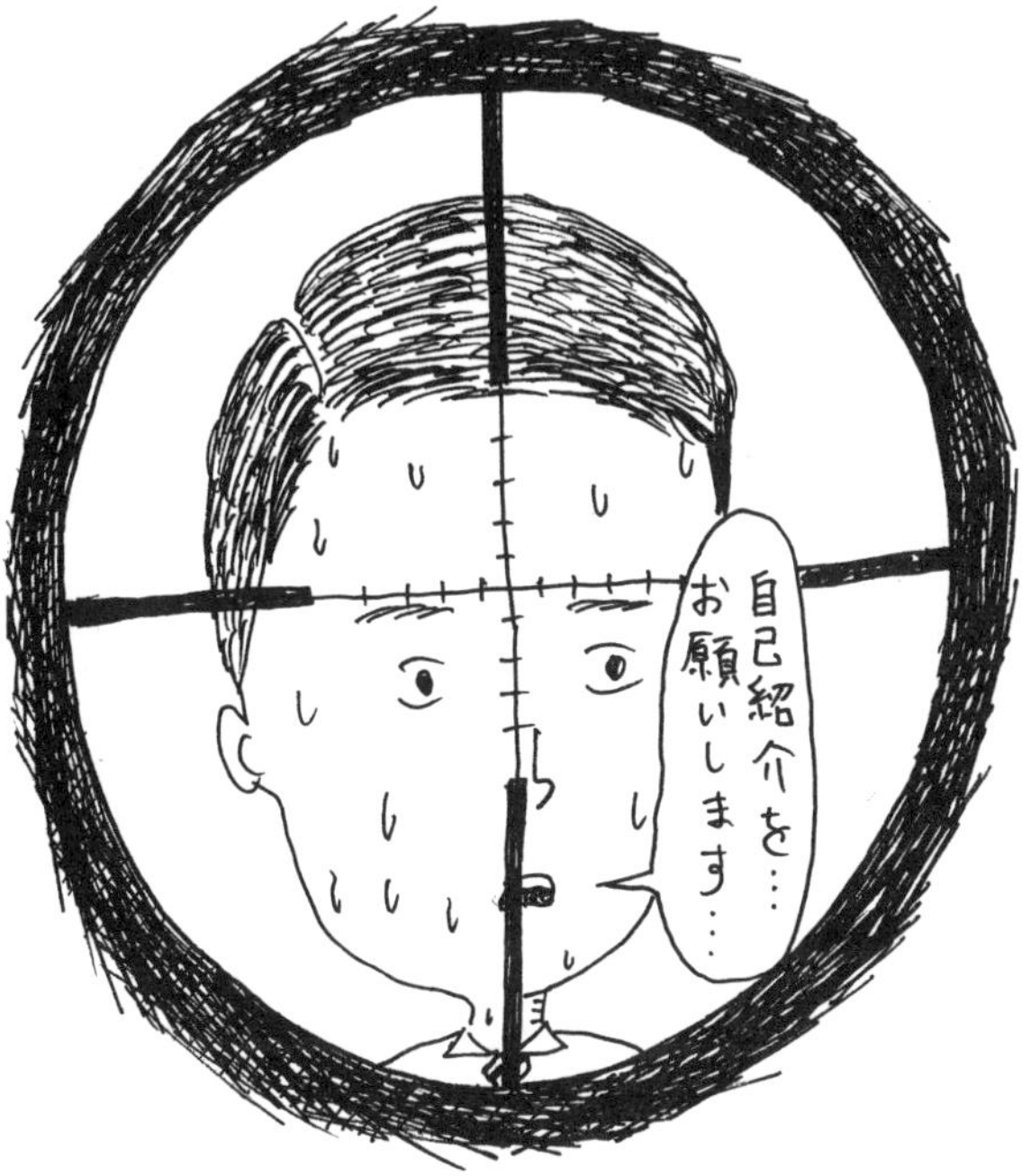

偉人の発想10

相手のことを大切に思う気持ちが「名前を覚える」につながる

アディダス経営者

ホルスト・ダスラー

アディダスの創業者アドルフ・ダスラーの息子で後継者となったホルスト・ダスラーは、靴職人でありながら商才も優れていました。オリンピックの時にはアディダスのスパイクを無料で選手たちに配布する「フリー戦略」でブランドを世界に浸透させたこともあります。

そんなホルストの「名前」に対するこだわりにこんなエピソードがあります。

ある時、アディダスと契約しているのに他のメーカーのシューズを履いている選手を見て、ホルストの部下が愚痴をこぼしていました。それを聞いたホルストは「君は選手たちのいるロッカールームに入ったのか？　選手の奥さんたちの名前を知っているのか？　一緒にランチをとったのか？　そんなこともしないで何を期待する？」と部下を叱ったそうです。

ホルスト自身は、頻繁にスタジアムを訪れ、ロッカールームに出入りし、選手の関係者の顔と名前をすべて覚えていました。そうやって、顧客とのつながりを強くしていくことでアディダスは世界有数のスポーツブランドになったのです。

ビジネスの世界で「相手の名前を覚えることが大事」だとはよく言われますが、相手のことを大切に思う気持ちが一番現れるポイントだからなのかもしれません。相手の名前を覚えるのが苦手という人も、ぜひ自分なりに工夫しながら名前を覚える習慣を身につけましょう。

課題 11

会社で働いている間、清潔感を保つ方法を考えてください

この場面で求められるビジネススキル

清潔感を保つ

毎食後に歯を磨くことを習慣化する

正直に言ってくれる人を見つける

恋をする

メイクさんを雇う
おヒゲちょっと隠しますね
昼メシどこにする？

卓上ライトを紫外線殺菌灯（ブルーライト）に替える
パアー
スーパー銭湯でクシ殺菌するヤツだよな…

汚れをついばんでくれる
鳥を飼いならす

手術待ちのクランケを
常に抱える

周囲の人間を常に不潔に保ち、相対的に自分の清潔感を上げる

仕事に対する姿勢は「清潔感」に現れる

ファッションデザイナー

クリスチャン・ディオール

心理学者のアルバート・メラビアンによると、人が人を受け入れるまでには、4つの壁があり、

第1の壁が「服装、髪型、表情」
第2の壁が「態度、姿勢、仕草」
第3の壁が「話し方、声調」
第4の壁が「話す内容」

ということです。

つまり、人に受け入れられるために何にも増して大事なのは外見であり、その中でも最も重要なのが「清潔感」だと言えるでしょう。

第二次世界大戦後のファッション業界にセンセーションを巻き起こしたクリスチャン・

ディオールは、従業員の身だしなみにとても厳しい人物だったといいます。ディオールがデッサンを終え、デザイナーやパタンナーを部屋に入れる際には必ず全員に白衣を着用させていたそうです（現在でもアトリエでは職人たちが白衣で作業をしています）。また、ディオールの身だしなみへの厳しさは、自分の従業員に対してだけには留まらず、ディオールに面会を求めたノーネクタイの業者を、「身支度を整えてから話をしようじゃないか」と言って追い返したこともあったそうです。

アメリカの心理学者レオナード・ビックマン博士が行った身だしなみに関するこんな実験もあります。電話ボックスの利用者に対して、目のつくところに10セントを置いておき、2分後に「10セントを置き忘れたんですが、ありませんでしたか？」と尋ね、返してもらえる確率は、きちんとした服装の時が77％で、みすぼらしい格好をしている時が38％でした。

仕事において、外見の清潔感を保つことはあまりにも基本すぎてつい怠ってしまうこともあるでしょう。毎日チェックする習慣を持ちましょう。

課題12

取引先が激怒しています。怒りを鎮《しず》める謝罪をしてください

この場面で求められるビジネススキル

相手の心に響く謝罪をする

できるだけ早く取引先に出向き、対応策を提示して謝罪する
本日中に全ての商品を回収し 明後日までに再納品させて頂きます！

自分より責任のある立場の人を連れていき、一緒に謝罪してもらう
ボクのせいですみません…
す すみませんでした

誠心誠意を込めた土下座を見せる
※首の後ろから後頭部にかけての急所をしっかりと相手方に見せる

架空の謝罪方法で許してもらう

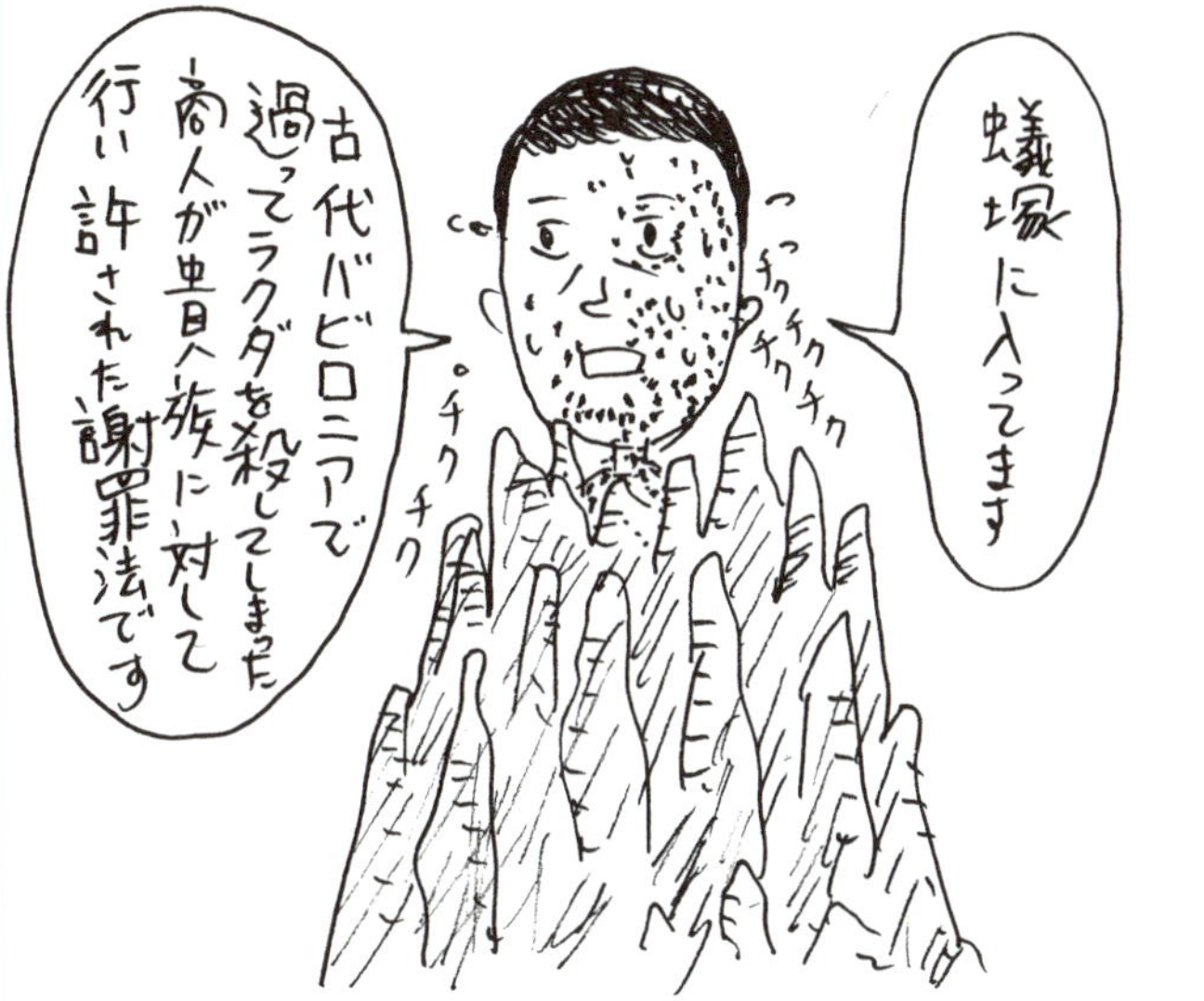

相手を引かせて許してもらう

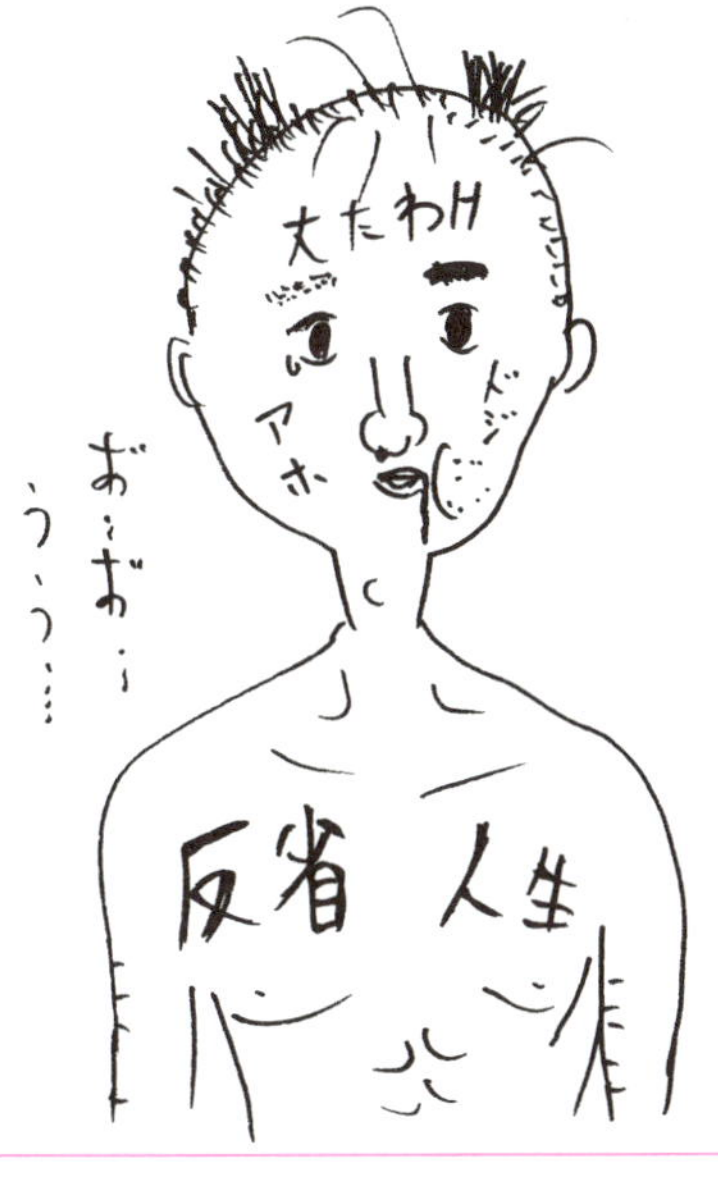

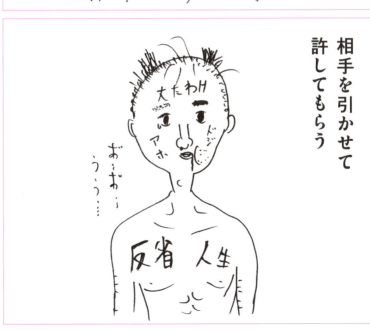

人を雇って取引先にひどいことを起こさせて自分のミスは大したことじゃないと思わせる

自分の遺影を持った上司に謝りに行かせる

取引先の株を51％以上押さえ、謝罪の必要性をなくす

「責任は自分にある」という気持ちが、相手の心を動かす

松下幸之助

松下電器産業(現パナソニック)創業者

経

営の神様と呼ばれた松下幸之助の謝罪エピソードに次のものがあります。東京オリンピックを機に全国の家庭に家電が行き渡った反動で家電製品の販売が伸び悩み、松下電器の全国の販売店・代理店の多くが赤字経営に陥ったことがありました。全国の経営者たちから不満が寄せられたことを受け、松下幸之助は熱海の「ニューフジヤホテル」に彼らを集め、「熱海会談」を開いたのです。

両者の言い分はひたすら平行線を辿り、決着することはありませんでした。こうした話し合いを3日続けたのですが、このままではいけないと思った松下は、「もう理屈を言うのはやめよう。よくよく反省してみると、結局は松下電器が悪かった。これから心を入れ替えてどうしたら皆さんに安定した経営をしてもらえるか、それを抜本的に考えることをお約束します」

そう言って涙ながらに頭を下げたのです。

そうした真摯な姿を見て出席者の半数以上の人がハンカチを出して泣き出し、攻撃的だった会の雰囲気は一変し、互いに励まし合うようになりました。そして、それから約5年後、1969年11月期決算で、松下電器産業は創業以来最高の数字を記録したのです。

「すべての責任は自分にある」とは松下幸之助の言葉ですが、どんな状況に対しても自分の責任を感じて誠実に行動することが、相手の心を動かします。

課題13

上司からコーヒーのお使いを頼まれました。上司の期待を超えてください

この場面で求められるビジネススキル

相手の期待を超える

自腹で他の種類も買っていき、上司に選んでもらう
どれがいいですか?
微糖
COFFE
超微糖
COFFE
激微糖
COFFE
ウルトラ微糖
COFFE
ずら〜

上司が驚くぐらい早く届ける
はやっ!!
ハァ
ハァ
ハァ

おごる
いいっす!! いいっす!!
いつもお世話になってるんで

気が変わっている可能性を踏まえて、自販機の前でテレビ電話をかける

途中で面白い出来事に遭遇し、上司のコーヒータイムをその話で充実させる

コーヒー豆を買ってくるという
天然ボケをかましたと
見せかけ、すぐに挽いてその場で
最高のコーヒーを淹れる

一時はどうなることかと
思ったよ〜

コーヒーを欲しがるということは
眠気と戦っているということなので、
睡眠薬入りのコーヒーで眠らせて
上司が目を覚ます前に
仕事を終わらせて
おいてあげる

すぐ〜

そのままブラジルに旅立ってコーヒー農園で
働き、毎年この時期になるとおいしい
コーヒーを送ってくる。そんな男になる

偉人の発想13

相手の期待を「超越」することで新しいサービスは生まれる

ザッポスCEO

トニー・シェイ

ザッポスは1999年にサンフランシスコで誕生し、「靴のオンライン販売」を成功させ一躍有名になった企業です。靴はサイズ選びが難しい上、同じサイズでもメーカーによって大きさが違う点などからネット販売には向かないと考えられていました。そこで、ザッポスは、

「送料も返品も無料。しかも返品は何度でも可能」

という型破りなサービスを提供します。CEOのトニー・シェイは次のように語っています。

「普通の靴屋さんでは、2つのサイズを出してもらって試着して、合う方を買って、合わない方は戻してもらいますが、その時に手数料を取る店はありません。それと同じです」

さらに、24時間顧客からリクエストを受け付けるコールセンターでは、社員は「顧客の

期待を超越すること」を目標に掲げて応対しており、仮に顧客が求めている靴がザッポスになければ、顧客のために他社のサイトを必ず3つ以上調べ、売っているところがあれば紹介するそうです。CEOのトニーは、こう語っています。

「顧客は他社から買ってしまうかもしれませんが、それでいいのです。顧客満足が得られさえすれば、顧客はその経験から、『次はまたザッポスに来よう』と思うでしょうから」

心理学者ウィリアム・ジェームズの言葉で、「人間は、思い描いた夢より大きな夢を実現することはできない」というものがあります。顧客の期待をただ超えるだけではなく、「超越」した状態を思い描き、挑戦し続けることで、新しいサービスを生み出すことができます。

課題14

大事な取引先の重役（90歳）が会社に来ます。最大限もてなしてください

この場面で求められるビジネススキル

大事な人をもてなす

来社の日時を
社員に周知し、
気持ちよく出迎える
ニコニコ
ニコニコ

重役の過去の仕事に
関して調べておいて
機会があったら
その話をする
オイルショックの時は大変な苦労をされたとか

相手が望む対応を見極め
適したもてなしをする
松本常務は過剰な接待を嫌うから
コップに水でいい

お茶に栄養ドリンクを混ぜて
なぜか今日は元気だと思わせる

出待ちのおばあちゃんを
仕込んでおく

気付かれないようにレーザーでシミ、シワを取る

掟破りのヘッドハンティングを演じ、自尊心をくすぐる

重役をもてなす一方で、同時多発的に重役の家族全員をもてなす

得意分野を活かせば、相手を感動させる「もてなし」ができる

戦国武将

伊達政宗

ミ

シガン州立大学のエル・アライリ博士によると、人は誰かに優しくされると、その相手に恩義を感じて「お返ししたい」と考えるようになります。これは「返報性のルール」として有名ですが、アライリ博士によると、この返報性のルールが最も強く作用するのは「何の期待もしていない時に、他人に優しくされた時」ということです。つまりサプライズで「もてなす」か、相手の期待を超える「もてなし」ができれば、その効果はより大きくなると言えるでしょう。

独眼竜と呼ばれ剛健なイメージの強い伊達政宗ですが、実は「もてなす」という術にとても長けた武将でした。美食家だった政宗は、こだわり抜いた食事で客人を接待することが多かったようですが、いたずらに高価で珍しい食材を用意するのではなく、いかに相手をもてなし、感動させるかということに重きを置いていたようです。政宗自身も、「主人

が心を込めてもてなす姿勢が大事だ」と語っていたといいます。江戸時代になると、政宗は江戸藩邸に将軍たちを招き、肴・汁物・香の物から菓子にいたるまで考え抜いた献立でもてなしました。時には自らが膳を運ぶこともあったそうです。1630年に江戸城二の丸で、政宗が3代目将軍家光を接待した際には、バリエーション豊かな献立に続き、空から降ってきた大きな鯉を政宗が自ら料理するというパフォーマンスを披露したという記録が『徳川実紀』に残っています。そして、政宗の「もてなし」に何度も感動した家光は諸侯の中でも特に政宗を優遇したといいます。

美食家の政宗が料理による「もてなし」を処世術として用いていたように、自分の得意分野を活かして、相手をもてなしてみましょう。

課題15

会議中に上司が、「次のプロジェクトリーダーを誰にしようか？」と言いました。
自分が選ばれるようアピールしてください

この場面で求められるビジネススキル

自分をアピールする

自信満々の目で
上司を見つめる
ここに
いいのが
いるよ

空気を読むよりも
積極性を見せるため
「プロジェクトリ…」
ぐらいで挙手
よし
次のプロジェクトリ…
ハイ!!
ハイ!!
ハイ!!
ハイ!!

「おいみんな!
誰がいいと思う?」と
リーダーっぽく
言ってみる
誰がいい?
みんなの意見を
聞かせてくれ!!
ガタ

意味深なことを言う

メアドを「Iamprojectleader@」に すぐ変更する

一人味方につけて推薦させる

ハイ!!
リーダーは
田中さん以外
考えられません!!
オレのこと
推薦してくれたら
お礼に実家から
毛ガニ送るよ
エー
オレ??!!

「ゆっくり考えていきましょう」と言って
ライバルたちがSNS上で過去に
問題発言をしてないか調べまくり、
発見次第、上司に送る

紅しょうが無料だからって
こんなに山盛りにしちゃ
ダメだろう?・田中君…
送信……っと

こんな時のためにあらかじめ役所に申請して下の名前をキラキラネーム「利威打亜」に変えておく

アピールすることで初めて自分の魅力は伝わる

歌手

レディー・ガガ

今や世界のトップアーティストとなったレディー・ガガは、駆け出しの頃、音楽業界のオーディションに挑戦してはことごとく落ち続けていました。ブレイクする前の彼女はピアノの弾き語りというスタイルでしたが、そこで問題になったのは彼女のルックスでした。「弾き語りというスタイルでいけるのは、超のつく美人だけ」と言われたこともあったそうです。平凡な恰好で、特別に可愛いわけではなかったレディー・ガガは注目を集めることはできませんでした。

そんな彼女にとって転機となったステージがあります。ある晩、観客たちが彼女の歌を全く聞こうとしなかったので、思いきってステージ上で服を脱いだのです。

「そのまま下着姿でピアノの前に座ったら、みんなぴたりと口を閉じたわ」

その晩の出来事がターニングポイントだったと、彼女は語っています。

「あの時、どんなポップアーティストになりたいか、私は大きな決断をしたの。あの時あの場所で、あの瞬間に、パフォーマンス・アートができあがったの」

今でこそ世界中が認める才能の持ち主、レディー・ガガですが、彼女であっても自らアピールしていかなければ道は開かなかったのです。

「アピールする」のは勇気のいる行動です。思い切ってアピールしても失敗して恥をかくだけで終わることもあるでしょう。しかし、それでも勇気を持ってアピールし続けることで、自分の魅力を伝えられる瞬間が訪れるのです。

課題16

上司が「これは別件バウアー」とつまらないオヤジギャグを言いました。ツッコミを入れてください

この場面で求められるビジネススキル

ツッコミを入れる

タイミング良くツッコむ

「別件バウアー！」と叫んで動きをつけた後「っておい!!」とノリツッコミをする

「そんなダジャレは吉永小百合！」と言い共倒れしてあげる

ハリセンで作業的に叩く

今年4歳になる部長のお孫さんに言ってもらう

「別件バウアー！」というボケを
詳細に説明し、どうツッコむべきか
みんなで話し合いコンセンサスを取る
でどうツッコもうか？
別件バウアー
ベッケンバウアー
昔のサッカー選手(ドイツ代表)
＝純度の高いオヤジギャグ
おもしろい名前ね
ワイワイ
ドキドキ

その発言をニコニコ動画にアップし、
ついたコメントをプリントアウト
して渡す
「老害」?!
「減給もんだろ」?!
ガタガタ
ワナワナ

脳にあるダジャレを思いつく機能とそれを発する声帯を同時に破壊する

愛されるツッコミは仕事で重宝される

尾張藩初代藩主の側近

持田主計《かずえ》

尾張藩の初代藩主・徳川義直は次の言葉を口癖のように繰り返していました。

「大将たる者の第一のつとめは、臣下の諫言《かんげん》を聞くことである。諫《いさ》めを受けなければ己が過ちを知ることができない。武田勝頼は諫言を嫌って身を滅ぼした。信長も森蘭丸の諫めをもちいず明智のうらみを買った。唐の太宗は諫言の道を開いたから、子孫長久の基を築いたのである」

そんな義直に、匿名の封書が届いたことがありました。義直がそれを開封すると「お家には、十悪人がおります」という書き出しで、9人の名前が列挙されていました。「もう一人は誰であろうか」と義直が不思議そうに言うと、持田主計という23歳の側近が「それは、殿様でございましょう」と答えました。さらに主計は「残る一人は、はばかるべきお方ゆえ、わざと名をあげなかったものと思います。お名をあげずとも、殿様にはお分かりになると思ったのでございましょう」と容赦なくツッコミを入れていきました。しかし、自分の非が思い当たらなかった義直は主計に「何か欠点があれば言うてみよ」と言ったところ、主計は即座に「十か条ほどございます」と答え、義直の欠点をスラスラと並べ立てたといいます。これには義直も怒りに震えたそうですが、すぐに主計の指摘には正しい部分が多くあると思い改め、その後は主計を以前にも増して重用したそうです。

もちろん、目上の人を怒らせないように、言い方を工夫したり、場面を選んだりする必要はありますが、「本音の意見」であるツッコミをうまく入れられる人は、上司から可愛いがられ信頼を得ることができるでしょう。

課題17

部長の娘の写真を見せてもらったところ相当な不細工でした。うまく褒めて切り抜けてください

この場面で求められるビジネススキル

上手に褒める

「似てますね」と言って
部長に似てる似てないの
話に持っていく
似てますね!!
女の子は
男親に似ると
幸せになるって
言いますもんね!

「賢そうですね」
「かわいい系ですね」など
と言ってごまかす
この子は…
ちゃんとしてるわあ
賢そう
ちゃんとしてる

顔相を褒める
おお!!
この額の広さは
お金に
困りませんよ!!

何も言わず、パソコンの待ち受け画面に採用する

「ここどこすか？」と背景の話にスライドする

大ウソつきになる

「かわいい!」と叫んで寄ってきた人に写真を渡して逃げる

その場で自分の目を潰して褒める

「観察力」が最高の褒め言葉を生み出す

江戸幕府第11代将軍

徳川家斉《いえなり》

人を育てるためには褒めるべきか、叱るべきかという議論に関して、最終的には「相手次第」ということになるでしょう。ただ、カリフォルニア州立大学の経済学者ジェームス・ジョーダンが「理想の上司」に関して大規模な調査を行ったところ、理想の上司の条件の1位は「褒めてくれる」だったそうです。その意味でやはり「褒める」こと、そしてその「褒め方」は、人を育てる上で非常に重要だと言えそうです。

江戸幕府第11代将軍・徳川家斉は、ある時家臣たちを集めてそれぞれに菊の花を与え、その翌年の花が咲く頃に、

「あの菊はどうした？」

とたずねました。家臣たちはこぞって豪華に飾り立てた菊の花を家斉に差し出しましたが、中に一つだけ花の小さな萎縮した菊があります。それを見た家斉は小さな菊をけなす

のではなく、

「他の者たちの菊は、庭師に育てさせた菊だが、この菊は自分で育てた菊だな」

と見抜いて、皆の前でその菊を持ってきた家臣の姿勢を褒めました。

この時、貧相な菊を持ってきた家臣が後に天保の改革を起こす水野忠邦で、忠邦はこの出来事で家斉の洞察力に深く感銘を受け、忠誠を誓ったといいます。

人を褒める時は、相手を注意深く観察することを怠らないようにしましょう。

課題18

パーティー会場で
有名な社長を
見かけました。
自分から声をかけて
仲良くなってください

この場面
で求められる
ビジネススキル

大物の懐《ふところ》に
飛び込む

失敗しても失うものがないことを意識し、勇気を出す

正直に言う

客の立場から入ることで気を遣わせる

バカを演じることで一気に懐に飛び込む
なんだ オメエ、
エライー のか??

意味深な言葉で切り込む
ニヤリ
媚びない男は
不安でしょうがないでしょう??

二人きりになる

大道芸用の竹馬に乗って上から話しかければビビらない

社長そっくりの顔に整形していくことで多彩な近づき方が可能

空気を読まない勇気を持つ

幕末志士
坂本龍馬

第2次伊藤内閣外務大臣
陸奥宗光

明治維新の立役者、坂本龍馬ですが、一介の下級武士であった彼が国を動かすことができたのは、空気を読まずに大物の懐に飛び込んだからでした。

たとえば、土佐藩随一の知識人・河田小龍の屋敷を突然訪問し、「今の時局についてあなたの意見を聞かせてほしい」とたずねたことがありました。不躾《ぶしつけ》な訪問に対して河田は苦笑いし、「隠居をした身ゆえに、特に意見はない」とやんわり追い返そうとしたのですが、「そんなはずはない」と食い下がるばかりか「今は安穏と隠居している状況ではないはずだ」と日本の未来を憂う自分の考えを語ったそうです。最初はあきれていた河田でしたが、龍馬の言葉を聞いているうちに胸が熱くなり、本音を語り始めました。こうして「外国人の侵略を防ぐためには強大な海軍を作る必要がある」と知った龍馬はそのことを実行に移します。当時、幕府の海軍を統括していた勝海舟に会うために、勝の上司である松平春嶽に紹介状を書いてもらい、勝と直接面会することに成功したのです。

また、大物に会うために思い切った行動を取る姿勢は、龍馬の元で海援隊士として活躍した陸奥宗光にも引き継がれました。

王政復古の大号令の後、京都に新政府が樹立されると、陸奥はイギリス公使パークスの元に向かい、飛び込み会見に成功しました。さらにその成果を持って岩倉具視《ともみ》に会い、「幕府に代わって新政府が国政を取ることを諸外国に承認させる必要があります」と説き、さらに「イギリスについてはすでに了承を得てきました」と言いました。この行動の素早さと大胆さに舌を巻いた岩倉は、すぐさま陸奥を新政府の外交官として採用しました。

思い切って懐に飛び込む勇気自体が評価されることもあります。恥をかくことを怖れず、行動してみましょう。

課題19

飛び抜けた営業成績の同期がいます。彼のようになりたいあなたは、どうやって真似るか教えてください

この場面で求められるビジネススキル

優秀な人を真似る

一挙手一投足
仕事に関わらない
部分まで真似る
フッ
ゴミの捨て方までカッコイイぜ!!
直接本人に秘訣を聞く
契約取る秘訣教えて
牛丼おごるから
家に遊びに行き、本棚に
並んでいる本のタイトル
を覚え、全部読む
漫画が一冊もねえ!!
?

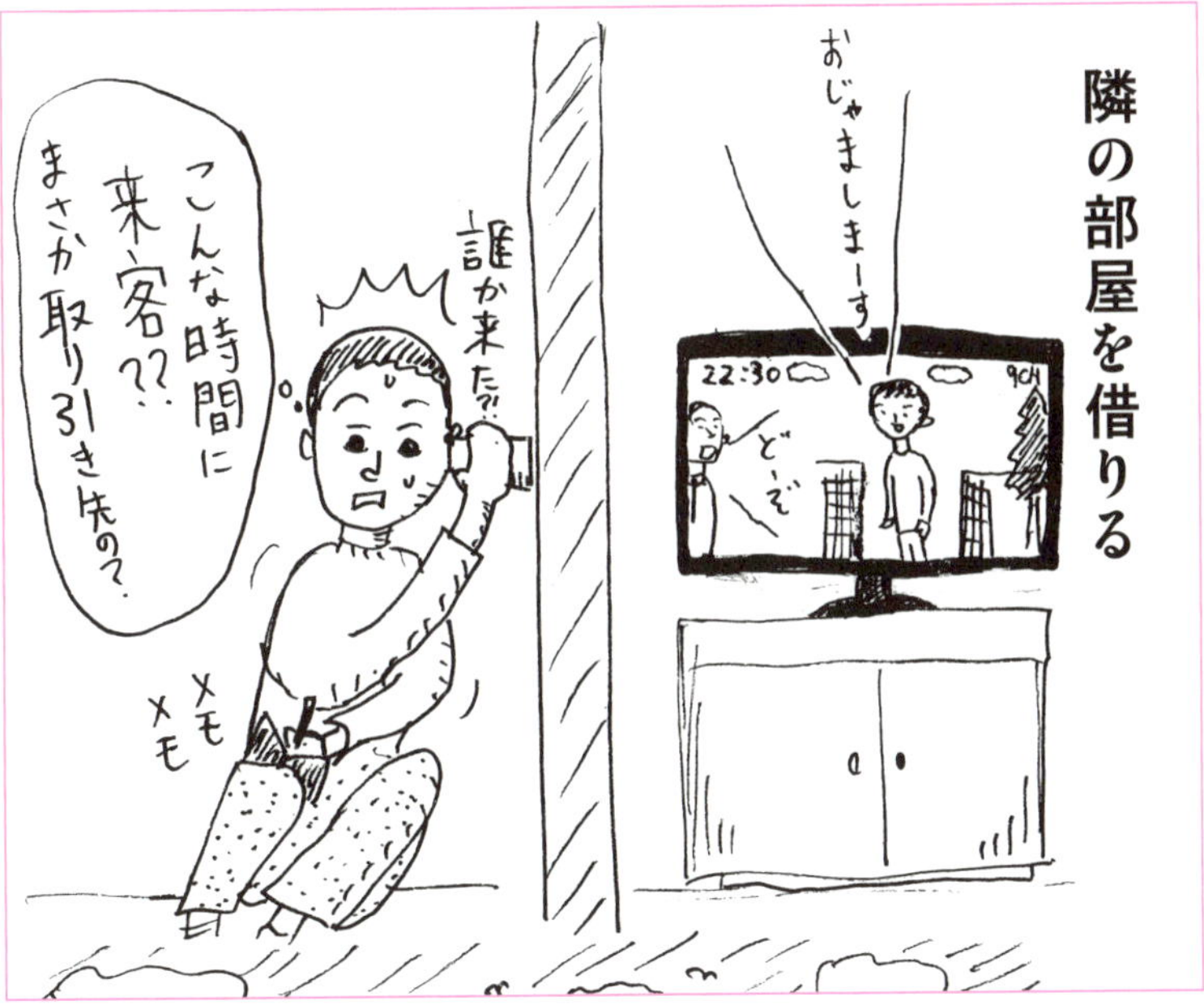
隣の部屋を借りる
22:30
9CH
おじゃましまーす
どーぞ
誰か来た?!
こんな時間に来客??まさか取り引き先のって
メモ
メモ

彼の生まれた街を訪ねる
お前のルーツを探しに来たぜ

食べ物に自白剤を混ぜたのち、問い詰める
何でそんなに契約取れる!?
バン
ま、まめに連絡……取る……

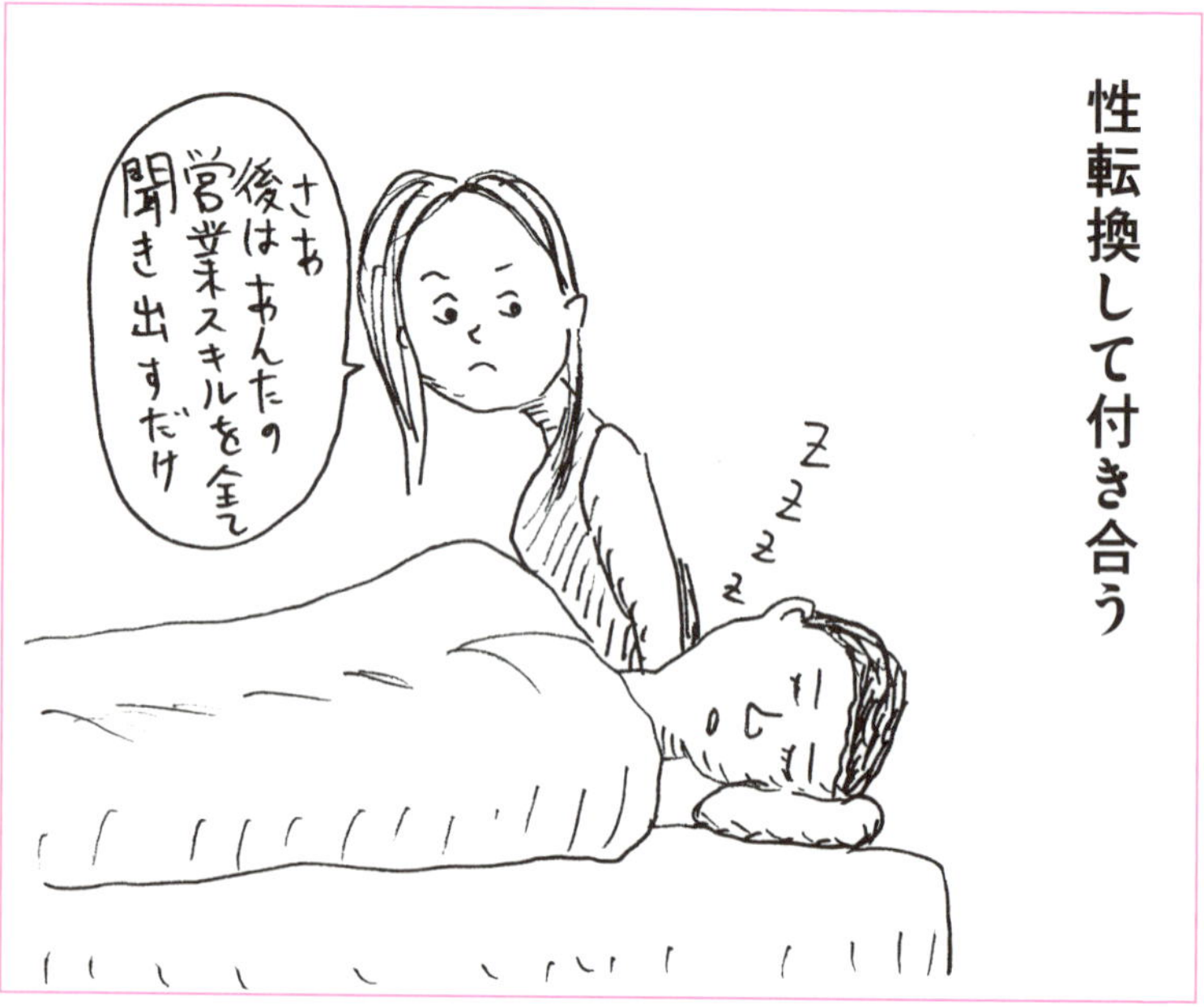
性転換して付き合う
さあ後はあんたの営業スキルを全て聞き出すだけ
zzzz

同期だけに同期させてもらう

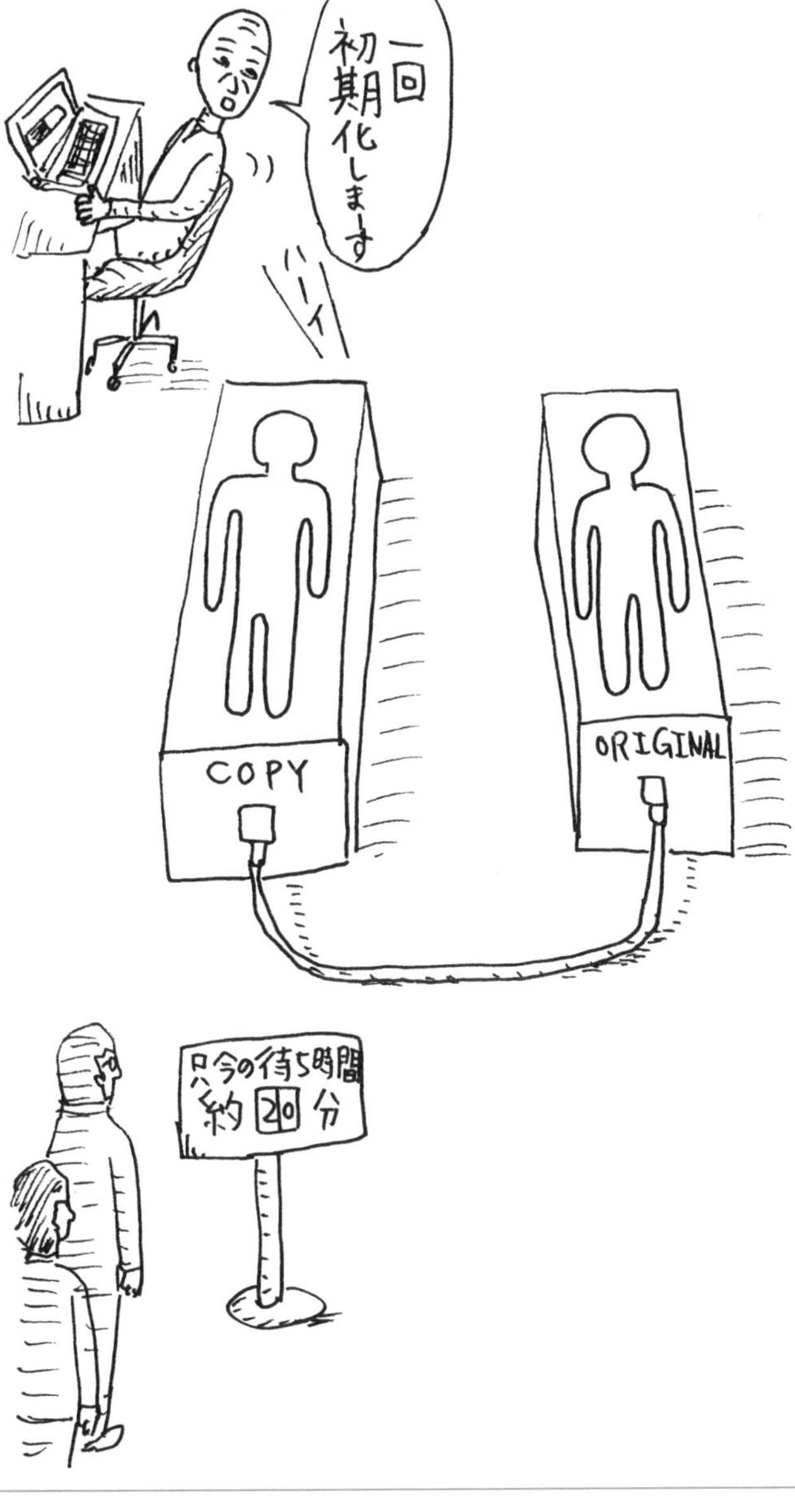

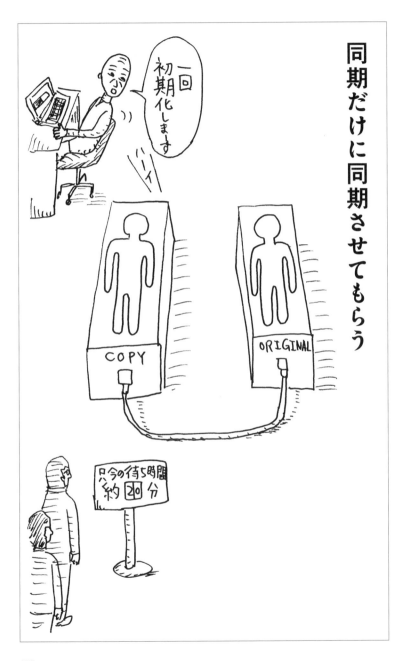

成長したい気持ちが「真似る」姿勢を生み出す

ウォルマート創業者
サム・ウォルトン
ファッションデザイナー
ココ・シャネル

1962年に創業し世界最大の小売り企業となったウォルマートは、長年をかけて効率的な物流情報システムを構築しました。1989年には年間最優秀小売企業にも選ばれたその優れたシステムは、小売業界内外の多くの企業から真似され、「〇〇界のウォルマート」と呼ばれる企業がいくつも存在します。ただ、創業者のサム・ウォルトンが「私がやった大半のことは、他人のコピーである」と語っているように、ウォルマート自体も、他社の優れたシステムをどんどん取り入れています。しかし、ウォルマートの場合は単にアイデアを借用するだけの模倣者ではなく、イノベーターとして、元のアイデアを利用してさらに進化させることを怠りません。たとえばバーコード技術は、もともと精算を容易くするためのものでしたが、ウォルマートでは購買パターンの分析にも活用して革命を起こしました。

また、良いものを取り入れる姿勢のある人は、真似されることにも寛容です。ファッション界の女王、ココ・シャネルは、街中で自身のブランド・シャネルのコピー品が売られているのを見るととても喜んだそうです。彼女には「真似をされない本物はない」という考えがありました。また、デザイナーとしてパリの街から多くのインスピレーションを受けていたという彼女は、「真似る」という行為にも独自の考えを持っていたようです。シャネルの友人がシャネルのコピー製品のスーツを買って来た際、縁に藁《わら》を編んだようなものが飾り紐《ひも》としてつけてあるのを見つけた彼女は、そこからインスピレーションを得て、ラフィアを編んだ製品を作ることを思いつきました。一流デザイナーの地位に甘んじることなく、「ストリートはサロンなんかよりずっと面白い」といつまでも新鮮なインスピレーションを大事にしたシャネルらしい言動と言えます。

「真似る」ことは楽をして成功するためのものではなく、貪欲に成長し続けるための姿勢なのです。

第三章

ピンチを切り抜けるスキル！

課題20

大抜擢《ばってき》で課長に昇進しました。同僚からの嫉妬《しっと》を和らげてください

この場面で求められるビジネススキル

嫉妬を和らげる

面倒くさい仕事を
できるだけ引き受ける

誰よりも早く来て
誰よりも遅く帰る

誰もが蔑《さげす》む
異性と結婚する

日に日に痩《や》せていく

さらにハゲてもいく

昇進した喜びのあまり
記憶を失っている
まだ思い出せないか？
なんにも

昇進して増えた給料分を
「ご自由にどうぞ」
の箱に入れておく
どーぞ
ご自由にどうぞ

良くないものと契約してしまったおかげ感を出す

偉人の発想 20

優秀な人は敵を味方に変えてしまう

アメリカ建国の父

ベンジャミン・フランクリン

の

ちにアメリカ建国の父と呼ばれたベンジャミン・フランクリンがフィラデルフィアの議員になった時、先輩の議員でフランクリンを毛嫌いしている人物がいました。当時、すでに印刷業で成功を収めたフランクリンを疎《うと》ましく思っていたのでしょう。

しかし、こうした状況が業務に支障をきたすと考えたフランクリンは、その先輩が珍しい本を持っていると知って、それを4～5日だけ借りたいと手紙で依頼しました。議員からその本が届くと、1週間後には丁重なお礼の手紙を添えて返却しました。その殊勝な態度にすっかりくすぐられた議員は、後日、自分からフランクリンに話しかけ、両者は生涯を通じて親交を温めるまでになりました。

フランクリンは、この「本を借りる作戦」について「一度面倒を見てくれた人は進んでまた面倒を見てくれる。こっちが恩を施した相手はそうはいかない」と解説しています。

仕事で結果を出せば出すほど、周囲からのやっかみは強くなるものです。しかし、出る杭になるのを恐れるのではなく、やっかみに対処する技術を身につけることで、今まで以上に仕事に邁進できる環境を作りましょう。

課題21

長年付き合いのある会社に契約の打ち切りを伝えてください

この場面で求められるビジネススキル

悪い知らせを伝える

内情を誠実に話し、やむを得ない事情を分かってもらう

事前にメールで相手に心の準備をさせる

目を真っ赤にして泣きはらした後の息遣いで行く

とにかく未来の話をする

一人称を伝書鳩にして
自分に非がないことを
暗に伝える

「蛍の光」をバックに流してゆっくり一礼する

紙芝居で伝える

向かいのビルから一斉に

「共感」することで相手の苦しみを緩和できる

イギリスの第71代首相

マーガレット・サッチャー

11年という長期間にわたって英国の首相を務めたマーガレット・サッチャーは、妥協のない政策によって「鉄の女」と呼ばれました。しかし、彼女は同時に、女性としての優しさを併せ持った首相でもありました。

1982年、イギリスとアルゼンチンの間でフォークランド紛争が始まりました。この戦争はサッチャーの妥協なき精神から始まったものでしたが、最終的に約260人の英国兵士が命を落とすことになりました。この戦争では最後まで軍事指揮を執ったサッチャーでしたが、その陰で、喪服に近い黒い服をまとい、兵士が亡くなるたびに、その遺族に対してお悔やみの手紙を書き続けたと言われています。大事な息子を亡くした母親の気持ちを思うと、ただ死の知らせを伝えるだけでは不十分と考えたのでしょう。こうしたサッチャーの真摯な姿勢は、英国民の彼女に対する敬意と支持を高めていきました。

仕事をする中でも、相手にとって不利益になる苦しい判断を迫られることはあるでしょう。しかし、そうした判断を伝える時は、相手の気持ちに共感し、相手と一緒に心を痛めながら伝えることを心がけましょう。

課題22

大切な会議の日に遅刻してしまいました。許してもらってください

この場面で求められるビジネススキル

許してもらう

誠実に謝罪し、
その後は人一倍働く

仕事が終わったあとに
お詫びの差し入れをする

今後の遅刻を
防ぐための
対策をすぐに実行する

下だけスウェットで行って、
「こいつもしかして漏らしたんじゃ…」
に興味を向ける
もしかして…
寝坊です
寝坊して遅刻しただけです
絶対もらしてるよね

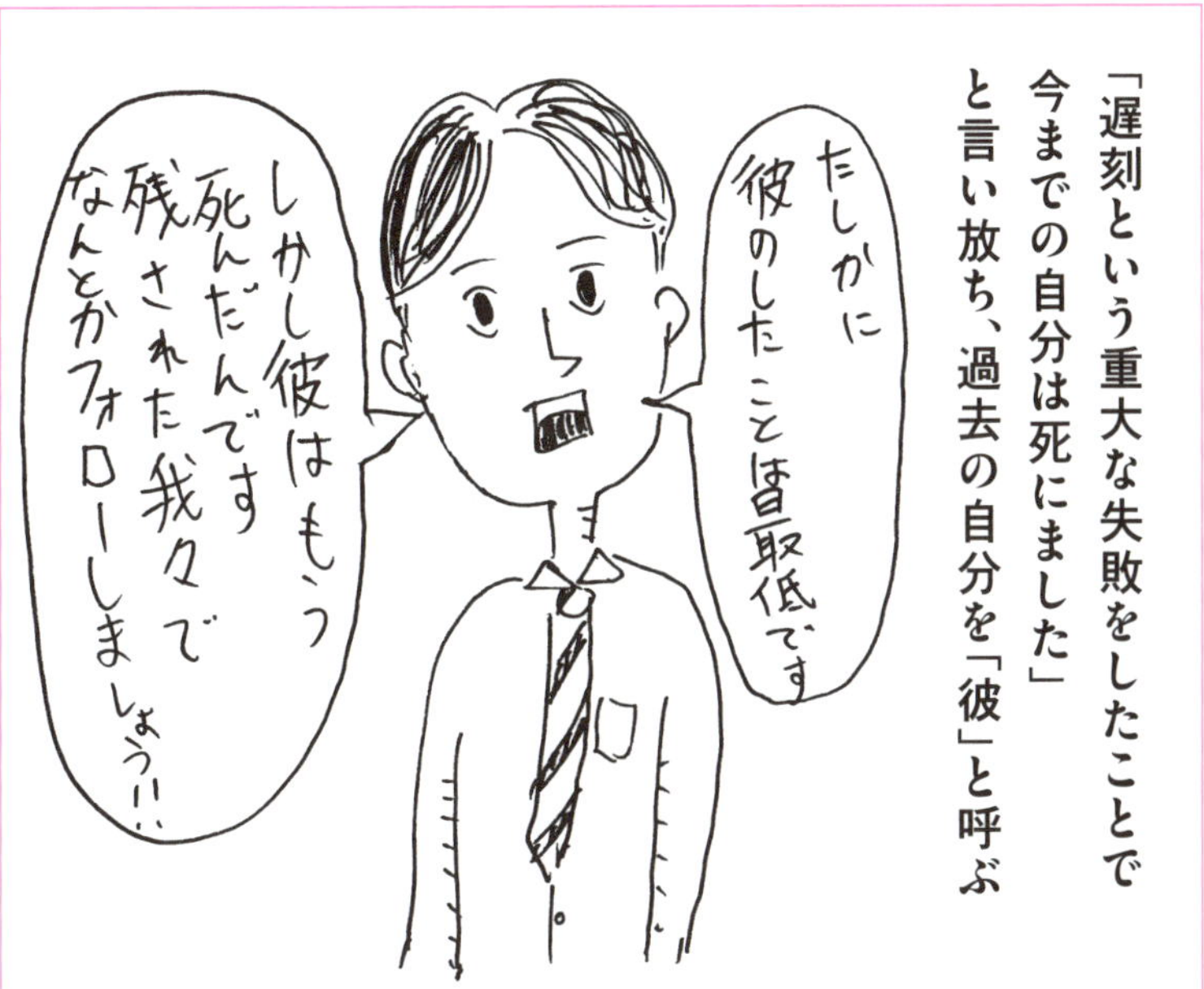
「遅刻という重大な失敗をしたことで
今までの自分は死にました」
と言い放ち、過去の自分を「彼」と呼ぶ
たしかに彼のしたことは最低です
しかし彼はもう死んだんです残された我々でなんとかフォローしましょう!!

友達に頼んで目隠しをされ、
手足を縛られた状態で会社の
前に捨ててもらう

その日は会社に行かず
「母が倒れたので休ませてください」と
伝え、夕方、大相撲を彼女と
砂かぶり席で楽しんでいるところを
ＮＨＫの中継で見られ根本的に
あきらめてもらう

自らおぜん立てして…
お好きなのひとつずつ選んで下さい

偉人の発想22

ユーモアは人間関係の衝突を和らげる

戦国大名

細川藤孝

ロンドン大学のエリカ・デ・コーニング博士が、213名を対象に調査を行ったところ、ユーモアセンスのある人の方が、ない人に比べて人間関係における衝突が67％少ないことがわかりました。もちろん、人に迷惑をかけてしまった時は誠実に謝罪することも大事ですが、ユーモアによって衝突を避けられることもあります。

細川藤孝が後の室町幕府第15代将軍・足利義昭のお供として諸国を放浪している時、義昭が「書物を読みたい」と言い出したことがありました。放浪中の一行には書物を持っている者はおらず、藤孝はすぐに近くの旧家から書物を借りて来て義昭に渡しました。さらに義昭から「読書をするための灯りがない」と言われた藤孝は、今度は近くの神社から灯明用の油を取って来ました。この件で、義昭からは「名補佐役だ」と褒められた藤孝でしたが、ある晩、神社で油を盗んでいるところを神主に見つかってしまいます。その時、藤孝はこう言ったそうです。

「神さまは夜でも目がお見えになるでしょうから、油は要らないだろうと思いまして」

藤孝のこのとっさの言い訳には神主も笑って、事情を知るとさらに感心し、以後ただで油を分けてくれたといいます。

焦ったり緊張したりしている時こそ、ユーモアを口にする余裕を持ちましょう。

課題23

上司がカラオケで知らない曲ばかり歌うので場がシラけています。盛り上げてください

この場面で求められるビジネススキル

場を盛り上げる

上司を的確にイジる
ハイ 今ちょっとモノマネ入ったよ
おーおうっ

自分「これ演奏中止でいいですか?」上司「ダメだよ!」のくだりを何度も繰り返してだんだんウケるようにする
部長 これは演奏中止でいいですか?

ダメだよ!!

コラッ!!

アハハハ

上司の歌を使ってゲームを始める
ハイ!!じゃあ次に歌詞に「峠」っていう言葉が出てきたら一発ギャグね
人生はぁ〜

瞬時に上司のモノマネをマスターし、その場で披露する

マイクに揮発性の睡眠導入剤を染み込ませておいて寝落ちさせる

間奏で上司をディスりまくる
ラップを披露する

部屋にヘリウムガスを
充満させどんな歌でも
面白く聞こえる環境にする

カラオケの機材を少しずつ移動して最終的に路上ライブにしてしまう

仕事以外の場でもサービス精神を忘れない

画家

サルバドール・ダリ

仕事さえきちんとこなしていれば、飲みの席や忘年会などの場を盛り上げる必要はないと考えている人もいるかもしれません。もちろん、職場の外でしか活躍しないのは問題がありますが、仕事とは直接関係ない場面でもサービス精神を発揮することは大事です。

場の盛り上げが得意だった人物に、天才画家と呼ばれたサルバドール・ダリがいます。彼が美術学校に通っていた時、政治上の破壊活動の疑いで拘留されたことがあります。1か月もの間、牢獄で過ごすことになったのですが、その間、文章やスケッチを書いて拘留仲間を楽しませました。また、1936年にロンドンで開かれたシュールレアリスム展での講演で、ダリは潜水服姿で、大型猟犬を2頭引きながら現れたそうです。会場の観客を置いてけぼりにしたまま、ダリはマイクで話し始めたのですが、水中ヘルメットをかぶっているので何を話しているか聞き取れません。と、突然ダリが手足をバタバタさせ始めます。その姿が面白くて観客は笑っていたのですが、この時ダリは息ができず窒息しそうになっていました。最終的には観客の一人が気付き、スパナなどを使ってヘルメットを外し、ダリは一命をとりとめたそうです。

トレードマークとなった長いヒゲなど、ダリは自己アピールに長けていたと言われていますが、それは彼の場を盛り上げたいというサービス精神の現れでもあったはずです。

どんな場面でも周囲の人を楽しませようとする姿勢は、仕事の成果につながります。

課題24

どうしても外せない用事が入ってしまいました。同僚に気持ちよく残業を代わってもらう方法を教えてください

この場面で求められるビジネススキル

上手に依頼する

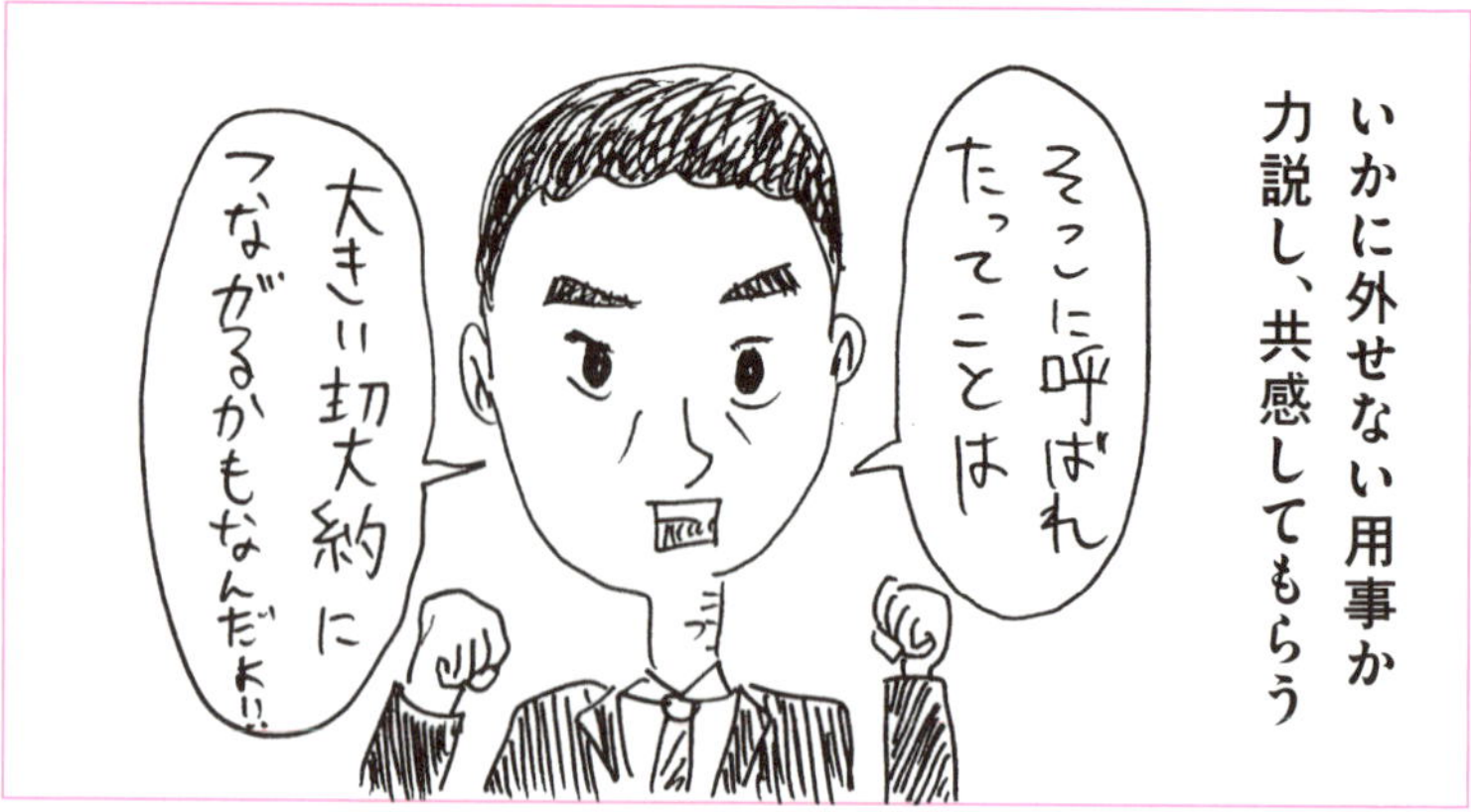
いかに外せない用事か力説し、共感してもらう
そこに呼ばれたってことは
大きい契約につながるかもなんだよ!!

今度無条件で残業を代わる約束をする
残業 身代りカード 無条件 一年間有効
今度コレ使っていいから

困っている人を助けて成功した歴史上の偉人のエピソードを語る
二宮金次郎も貧しくて困っていた武士や農民を助けて銅像になったんだよなぁ

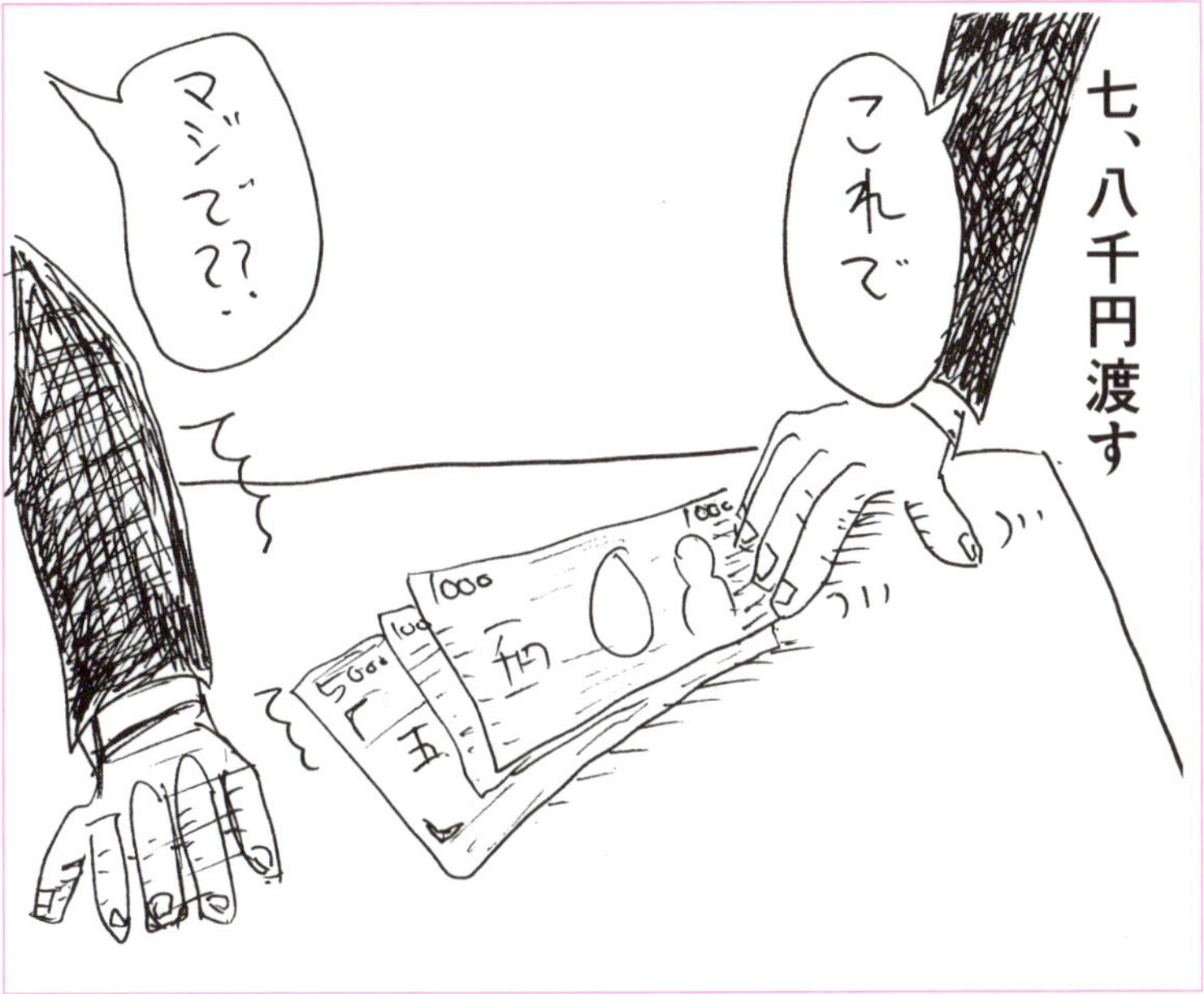
七、八千円渡す
これで
マジでで??

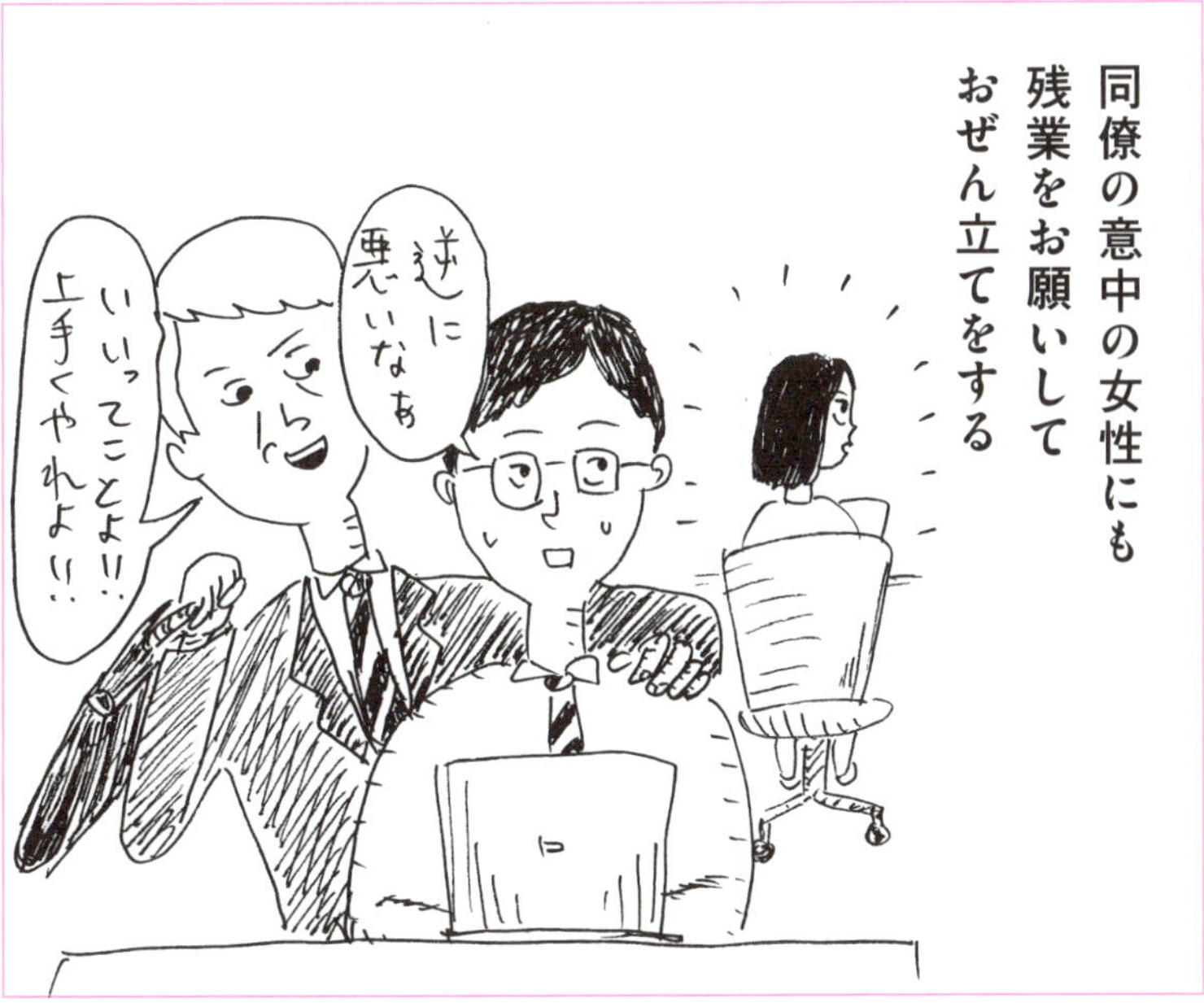
同僚の意中の女性にも
残業をお願いして
おぜん立てをする
逆に悪いなぁ
いいってことよ!!
上手くやれよ!!

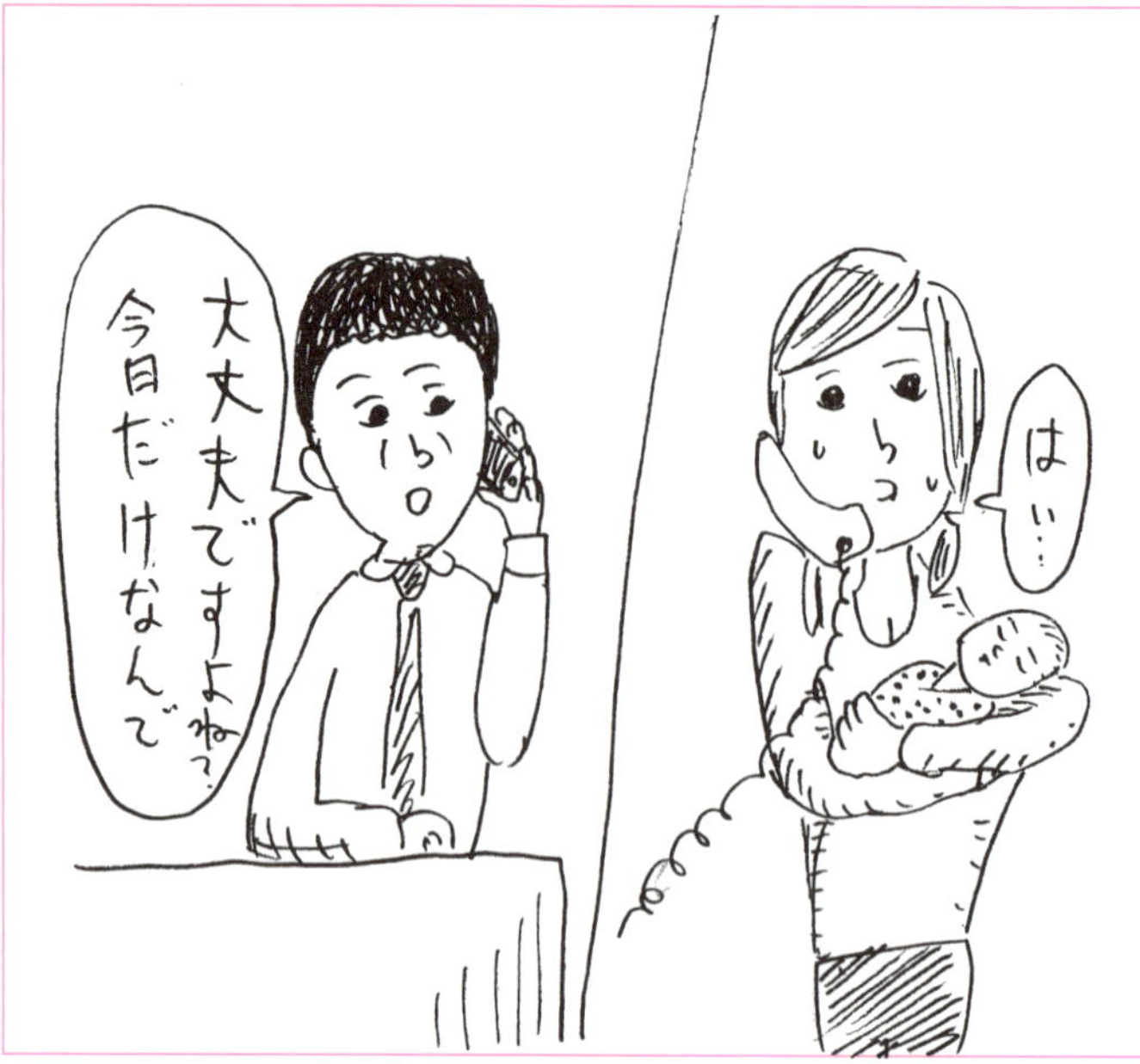

同僚の家族から先に説得する

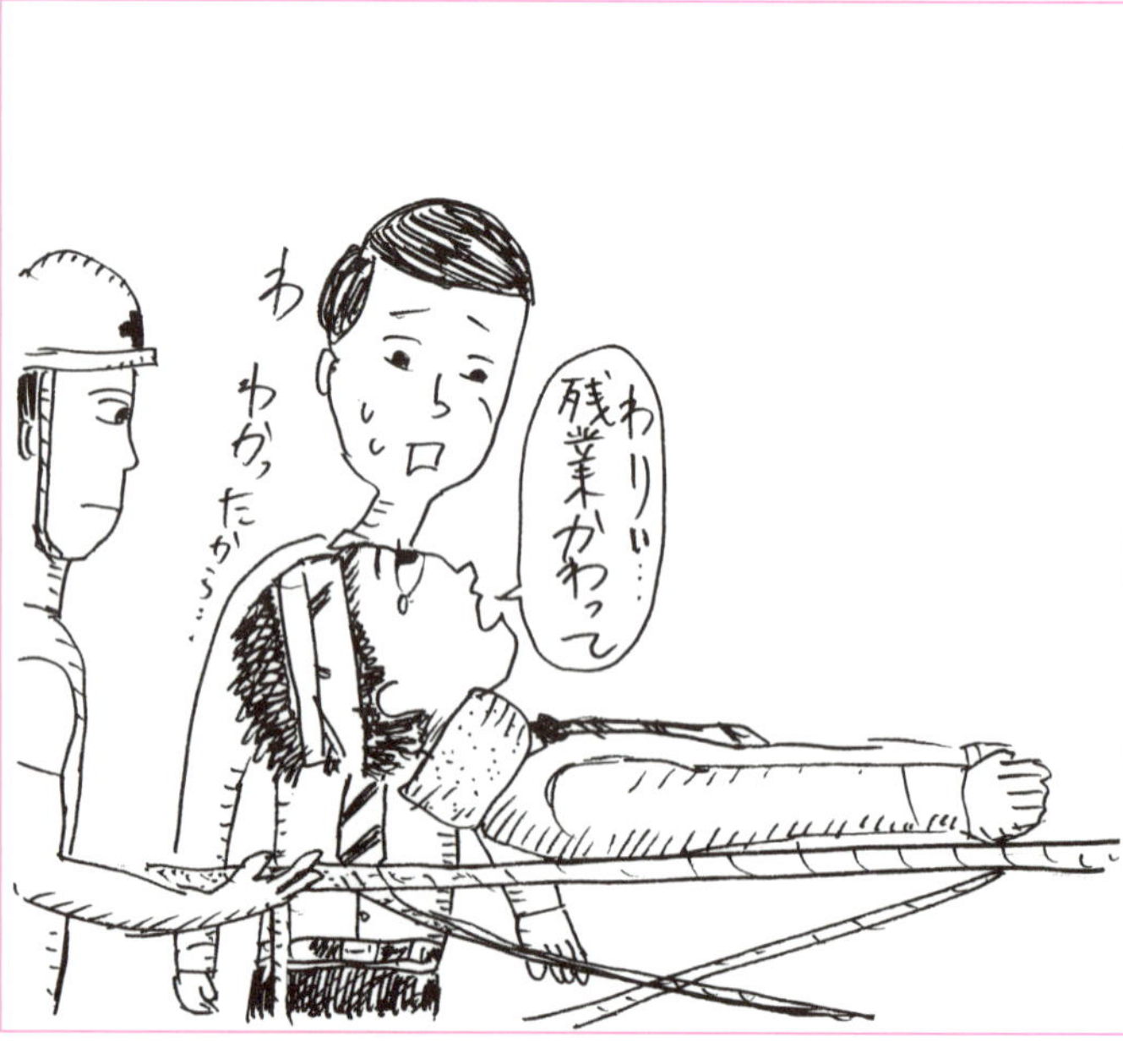

担架で運ばれる際にお願いする

こいつ休ませないとダメだと思わせる

人に依頼する「勇気」を持つ

冒険家
クリストファー・コロンブス
芸術家
レオナルド・ダ・ヴィンチ

仕事をする上で、誰かに「依頼」や「頼みごと」をしなければならない場面に遭遇することは多々あるでしょう。人と協力して仕事をすることは依頼や頼みごとの連続ですし、セールスもある意味、「商品を買ってもらいたい」というお客さんへの依頼だと言えるかもしれません。

そして過去の偉大な業績も、「依頼」に支えられていました。

冒険家のクリストファー・コロンブスはスペインの女王イサベル1世に助けを頼み、船と乗組員を確保した結果、新大陸を発見しました。「万能の天才」と呼ばれた芸術家、レオナルド・ダ・ヴィンチも、当時多くの画家を輩出していたヴェロッキオに弟子入りし、絵の指導を依頼していています。こうした例を挙げればきりがなく、ほとんどすべての偉業は何らかの依頼に支えられていると言っても過言ではありません。

そして、「依頼」にはもちろん、技術やテクニックも存在しますが、まず何よりも、勇気を出して相手に頼んでみるという姿勢を持つことが大事です。というのも、依頼することが苦手な人の一番の問題は、断られるのを恐れて二の足を踏んでしまうことにあるからです。

ノートルダム大学のハーバート・トゥルー博士によるセールスパーソンの研究をもとに発表された統計にこんなものがあります。

電話でのセールスの際、94％のセールスパーソンが多くても4回目の電話で交渉をあきらめていましたが、実は販売の60％は5回目以降の電話で成立していました。この研究は、いかに多くの人が「断られる」ことを恐れて成約を逃しているのかを示唆しています。

相手に何かを依頼する勇気を持つことは、仕事の業績に大きな影響を与えることを覚えておきましょう。

課題25

大事なプレゼンを間近に控えたあなたのリラックス法を教えてください

この場面で求められるビジネススキル

大事な場面でリラックスする

体を動かして脳を
リラックスさせる
ルンルン
ルンルン

徹底的に準備をして
不安をなくす
よしっ
シュ～
心配なのは完璧過ぎるってことぐらいかな
シュ～

実力以上の自分に
見せようとして
いないか気を付ける
ガラガラ
おはようございます!!
評価を気にし過ぎず普段の自分を出し切ればいいんだ

プレゼンの場を親戚の集まりだと思う
おっ
集まってるね〜

いざという時の逃避ルートを確保しておく
いざという時はあそこのゴミ箱をぶちまけて…
そのスキに手前のドアまでダッシュだな

クスリに頼る
やってやんよ
ふ〜
精神安定

同時進行で他に緊張することを進める
もう一千万つぎ込め!!
そろそろ時間だぞー!!
プレゼン用
ガタガタ
ブルブル

コンペをやっていそうな会社に乗り込んでいって道場破りならぬプレゼン破りをし、度胸をつけておく

偉人の発想25

リラックス状態が高いパフォーマンスを生み出す

数学者
アルキメデス
バスケットボールプレイヤー
マイケル・ジョーダン

脳

科学の研究によると、リラックス状態にある脳ほど閃《ひらめ》きを生みやすいといいます。もし、アイデアを考え続けても出てこない場合は、一度思い切って脳をリラックスさせてみましょう。意識をしていなくても心臓が動き続けるように、脳も意志とは関係なく常に働いていて、リラックス状態にあっても考え続けています。古代ギリシャの数学者アルキメデスが、「アルキメデスの原理」を閃いたのは入浴中のことでした。これはもちろん、浴槽から流れ出すお湯が発端でしたが、お風呂場でリラックス状態にあったからこそ、思いつくことができたと言えるかもしれません。

また、仕事のプレゼンなど、大事な場面だと意識すればするほど緊張してしまうものです。そういった場面で力を出し切るためにも、リラックス法を身につけるのはとても大事なことです。アメリカのプロバスケットリーグの伝説的プレイヤー、マイケル・ジョーダンはプレイ中、よく舌を出すことで有名でした。普通の選手が思い切り歯を食いしばるようなシーンでも舌を出すことで、筋肉の過剰な緊張が抑えられ、軽やかで繊細な動きができたと言われています。実際に、リラックスすることと舌は深い関係にあり、人はストレスが溜まったり、緊張したりすると舌の付け根辺りが詰まってきて、舌がうまく回らなくなるそうです。そんな時は舌を出したり回したりしてストレッチすると、リンパや静脈の流れが良くなり、顔の筋肉の強張りも取れ、心の緊張が解けるそうです。

仕事で緊張しがちな人は、「この行動をすればリラックスできる」という自分なりの方法を見つけておきましょう。

第四章

仕事を楽しむスキル！

課題26

シュレッダーの作業を楽しむ方法を教えてください

この場面で求められるビジネススキル

単純作業を楽しむ

最短のやり方を工夫しながらやる

この作業が生み出している価値を想像しながらやる

さりげなく上司の悪口を紙に書き、シュレッダーする

いったん手やハサミでちぎって
散々苦労した挙句シュレッダー
を使い便利さを感じる

ネクタイが中に入るか
入らないかギリギリの
スリルを味わう

シュレッダーと社内恋愛の体でやる

シュレッダーでできた細い紙を材料にオリジナルの羽毛布団やダウンジャケットを作る

ゆくゆくは機械に取って代わられる仕事だという哀愁を感じながらやる

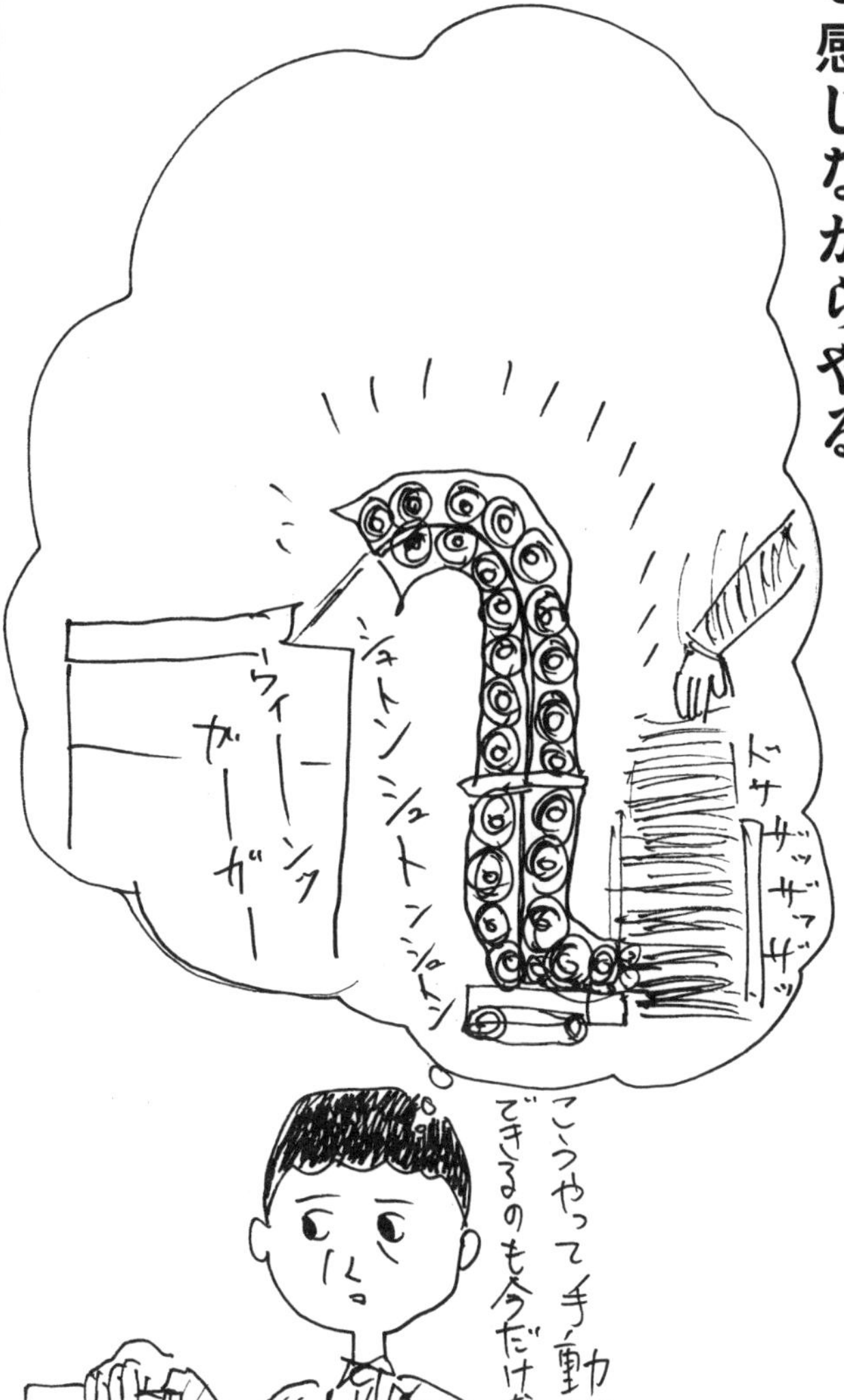

つまらない仕事にこそベストを尽くしてみる

阪急東宝グループ創業者

小林一三《いちぞう》

阪急電鉄・宝塚歌劇団・阪急百貨店などの阪急東宝グループ（現・阪急阪神東宝グループ）の創業者、小林一三。彼は大学卒業後、三井銀行に就職して34歳まで勤めました。しかし三井銀行時代、不遇に見舞われ調査課という部署に左遷されます。本人曰く、そこは「紙屑の捨て場所」であり、何もやりがいはなかったそうです。しかし、つまらない仕事を前にしてただ腐るのではなく、支店検査で全国を移動できることに楽しみを見出しながら、6年間、懸命に仕事を続けました。彼は、著書の中で、「つまらない仕事」についてこんな風に語っています。

「たとえば、秀吉が信長の草履を温めて出世したという逸話があるが、それは決して、上手に信長に取り入って天下を取ろうなどという考えのもとに行ったわけではないだろう。ただ、草履取りという自分の仕事にベストを尽くしたのだ。厩《うまや》廻りになったら、厩廻りとしてのベストを尽くす。薪奉行になったら薪奉行としてのベストを尽くす。どんな小さな仕事でもつまらないと思われる仕事でも、決してそれだけで孤立しているものではない。必ずそれ以上の大きな仕事としっかり結びついているものだ。たとえつまらないと思われる仕事でも完全にやり遂げようとベストを尽くすと、必ず今の仕事の中に次の仕事の芽が培われてくるものだ」

どんな仕事に対してもベストを尽くすことが、「仕事を楽しめる人生」につながっていきます。

課題27

あなたは過疎《かそ》の町のコンビニ店長になりました。自分で仕事を見つけて売り上げを伸ばしてください

この場面で求められるビジネススキル

自分で仕事を見つける

ホームページやブログを立ち上げて人に来てもらう
今日はなんとお客さん…
3人だけでした ブログの訪問者数も3人なので…この3人が来てくれたのでしょうか?

チラシを作って配布する
これからはコンビニも足で稼ぐ時代です
コンビニ
どーも

駐車場に名物を作る
ザ・コンビニエンス
コンビニの女神

上の階に病院と将棋会館を作り老人たちの憩《いこ》いの場にしてもらう
どーもっす!!
ここができてよかったよ
天国だねぇ

ＫＳＯ48というアイドルグループをプロデュースしてお客さんを呼び、お客さんが来なくても48人を顧客にすればコンビニは回る
KSO48では恋愛と他のコンビニでの買い物は禁止!!

そのエプロンに誇りを持て!!

ハイッ!!

ハイッ!!

ハイッ

暇な時間を使って駐車場を掘って温泉を掘り当てる

捕らえてきた野生動物を店に放ち、野生動物がお客で来たという動画を作り話題を呼ぶというスレスレのことをやり、意気揚々とインタビューに答える

コンビニにキャスターをつけて、コンビニの方から
お客さんに向かっていく

「自分で仕事を見つける」姿勢が会社を成長させる

エルメス3代目社長
エミール・エルメス
鉄鋼王
アンドリュー・カーネギー

エルメスの3代目社長エミール・エルメスは、馬具商だったエルメスが馬車から自動車へと移りゆく時代の中で淘汰されないよう二つの方法を取りました。

一つは、まだ馬車の需要が高かった海外へ売り込みに行き、多くの契約を取りつけたことです。そして、もう一つは商品の多角化でした。

ただ、商品の多角化といってもむやみに手を広げるのでなく、エミールはそれまでのエルメスが培ってきた、宮廷御用達の「イメージ」や、高級素材の使用や職人の伝統技術といった「品質」、手作業の「希少性」を商品に反映させることを忘れませんでした。この戦略が功を奏し、確かな技術によって作られた鞄やベルトなどの革製品は人気を集め、エルメスはファッションブランドへの転身を果たします。もしエミールが自分で新たな分野を開拓せず黙って馬具の注文を待っていたなら、どんなに完璧な馬具を作ってもエルメスというブランドはなくなっていたかもしれません。

アメリカで世界一の鉄鋼会社を創り上げたアンドリュー・カーネギーも、自分で仕事を見つけることに長けた人物だと言えます。

スコットランドの貧しい家に生まれたカーネギー少年は13歳で電報の配達夫となり、毎朝1時間早く出社しては掃除を済ませ、残りの時間でモールス信号を覚え、すぐに他局との通信ができるまでになります。ある日、カーネギーがいつものように早く出社すると「至急電報」から始まる訃報の信号が届いていました。カーネギーはその電報を放っておけず、怒られるのを覚悟で信号を文章に書いて宛名人に届けました。この決断が上司から評価されたカーネギーはオペレーターとして他の局に配置され、そこでも昇進を重ねます。さらにカーネギーはトム・スコットという鉄道会社の局長にその働きぶりを見込まれ、今度は鉄道会社に移籍することになりました。

「自分で仕事を見つける」姿勢は新たなお客さんを生み出し、社内で出世したり、会社を成長させたりする力になります。

課題28

導入する予定のコピー機の見積もりが高いです。値切ってください

この場面で求められるビジネススキル

交渉する

相手のメリットを
提示する
その値段だったら
現金で払います!!

どうしても
その相手から
買いたいとアピールして
情に訴える
あなたから
買いたいので
もう少し勉強して

別のコピー機会社の
営業マンを呼んで
待たせておく
ごめんなさい
次のコピーの営業マンさん
もう少しお待ち下さい
今交渉中なんで
失礼しました

「もう場所は用意してあるんです」と言ってねだる
みんなもう本当に楽しみにしてるんですよ〜
コピー機さま予定場所♡

値切り交渉の際にコピー機の角に頭をぶつけ相手に罪悪感を芽生えさせる
お願いしま…
ガン
うっ
本当に 本当に気にしないで下さい

思いつめた表情で「これでお金もコピーできたらなぁ…」と言って察してもらう

カモフラ柄にして「そんなに欲しくなくなったから値引きしてください」と言う

「3Dプリンターを使ってコピー機をコピーすることもできるんですよ」と言って脅す

目的を達成するために交渉しなければならない時がある

ノーベル化学賞受賞者
マリー・キュリー

自動車メーカー・スズキ代表取締役会長
鈴木修

交渉することは自分の利益を主張することなので苦手だと感じる人もいるかもしれません。しかし、仕事をする上で交渉することは必要不可欠です。

たとえば、ラジウム研究でノーベル化学賞を受賞したマリー・キュリーですが、ただ部屋の中で研究をしていれば良かったというわけではありません。ラジウムを塩化物として取り出して測定するには、0・1グラムの純粋なラジウムが必要でしたが、そのためにはピッチブレンドという鉱物が数十トン必要でした。しかし、マリー・キュリーにはそれだけの量のピッチブレンドを手に入れるお金がありませんでした。そこで彼女は、ウラン塩を取り除いたピッチブレンドの残滓《ざんし》にもラジウムが残っていることに目をつけ、鉱山を所有しているオーストラリア政府と交渉し、一トンを無料で分けてもらうことに成功したのです。このように、何か壁に当たった時も交渉することで道が開けることがあります。

また、ビジネスの交渉の場面では、自動車メーカー・スズキの鈴木修にこんなエピソードがあります。彼が自ら部品メーカーを訪れ、取引価格の値下げ交渉をしたのですが、相手の部品メーカーも簡単に値下げをしては利益を失ってしまうので、頑なに応じず、緊迫した空気が漂いました。そこで鈴木は、窓の外の噴水を指差してこう言ったそうです。

「あの噴水の分安くしてもらえませんか?」

噴水を止めてもらってその分を安くしてくれという無茶な要求でしたが、この言葉は場の空気を明るくし、相手も値下げを受け入れたそうです。

相手が首を縦に振らないからといってあきらめず、色々な方法を試しながら粘り強く交渉しましょう。

課題29

同僚が解雇されてしまいました。慰めてください

この場面で求められるビジネススキル

同僚を励ます

同僚の長所を挙げて、それを活かせる職場を一緒に考える
お前の企画力だったらゲーム業界とか合ってるかもなプログラミングもできるし
眠れる虎が目を覚ますのが楽しみだぜ

能力が低いのではなく「この職場に合っていなかっただけ」と伝える
合わない人間がいる職場で我慢するよりも環境を変えた方がいいよ
眠れる虎が目を覚ますのが楽しみだぜ

Facebookなどで間接的に伝わるようにして、直接言うより「本心」で言ってる感じを出す
最近同僚が会社を離れることになったのだけど彼はとっても優秀な男なので次の職場での活躍を期待
オレが見ない可能性もあったのに書いてるってことは本べた・・・

会社の闇部分を
調べ上げて伝える

同僚の好きな分野に
絡めて慰める

オカルト方向に持っていく
お前が解雇されたこと
オレたちがここで話してること
ぜ〜んぶ
ある男が病院のベッドで
見てる夢なんだ・・・
そう思えば楽になるだろ?

「人が解雇される瞬間」という
タイトルの動画を勝手にYouTube
にアップしてユーチューバーとして
デビューさせ、収入を確保してあげる
今、中国語の字幕付けれる人探してるから
億超え目指すぞ
なんだよコレ・・・
1000万回も再生されてる
クビ?
ボクがクビ?

今すぐ会社から離れたくなるような演出をする

苦境に陥《おちい》った人をフォローする姿勢が組織を強くする

作曲家

フランツ・リスト

仕事はチームで行うものである以上、自分以外のメンバーのミスが全体の足を引っ張ることもあるでしょう。その時、自分は関係ないというスタンスでいると、信頼関係が崩れ、業務へ悪影響をおよぼします。たとえメンバーの失敗であっても自分の失敗と同じようにとらえ、フォローする姿勢を身につけたいものです。

その姿勢を持っていたのが、フランツ・リストです。

リストはピアノ奏者や作曲家としても業績を残しましたが、教育者としても教えた弟子が400人以上いたという人物です。また、レッスン料を取らないばかりか、金銭的援助をしていました。

そんなリストに助けられた人物として有名なのが、リヒャルト・ワーグナーです。

ワーグナーは従来の歌劇に文学、演劇などの要素を加えて総合芸術の域に高め、「楽劇」

という形式に発展させた作曲家です。彼はドレスデンで起きた三月革命に参加していたため、逮捕状が発せられたことがありました。そんなワーグナーをリストはかくまい、餞別を渡したうえでスイスへの逃避を助けました。さらに「私が楽長の活動をあきらめない唯一の理由が、音楽と言葉によるあなたの詩への情熱にあることはお分かりでしょう」と励ましの言葉を送り続けました。

またワーグナーだけではなく様々な音楽家たちに救いの手を差し伸べたリストは、当時の音楽業界を取り仕切る大人物として評価を受けることになりました。

苦しんでいる人を惜しみなく助けられる人が、大きな成功を手にします。

課題30

経営者にしか存在しない悩みを想像してください

この場面で求められるビジネススキル

経営者の視点を持つ

社員が会社の経費をたくさん使ってしまう

社員に弱いところを見せられない

社員全員の名前を必死に覚えている

社員の子供が自分の子より良い
学校に入るとめっちゃ悔しい
運が良かっただけで
いやいや おめでとう
うれしそうな顔をしやがってよぉ…

自分の冗談が本当に面白いのか
判断できなくなる
時がある
笑ってはくれているけど…

繁華街の呼び込みで「社長サン!!」と言われるとドキッとする

社員が他の経営者を褒めると自分は同じ土俵に立っていないと分かりつつもイラッとしてしまい、そんな自分を恥じることがある

美人の秘書をつけると公私混同していると勘繰られるのであえてちょっと不細工を採用しなければならないジレンマ

どんな小さな仕事にも「経営者の視点」は存在する

石田三成

豊臣秀吉の家臣で五奉行の一人

仕事において、「相手の立場に立つ」ことが大事だとよく言われますが、これは「お客さん」の立場を意味することがほとんどです。もちろんお客さんの立場に立つことも簡単ではありませんが、普段の消費生活ではすべての人が「お客さん」なので、その立場を想像する手がかりはたくさんあります。しかしこれが「経営者の立場」となると話は違ってくるでしょう。実際に経営者を経験するのは難しいので、想像力をふくらませて経営者視点を養う必要があるからです。

豊臣秀吉の部下、石田三成は大きな武勲をあげていないにもかかわらず、若くして五奉行に抜擢されました。その大きな理由は、組織の長の気持ちをよく理解していたからだと言われています。

ある年の10月、毛利家から秀吉の元に桃が届けられました。少し季節外れであったもの

の、見事な桃だったそうです。しかし三成は、

「時節の物を献上されよ」

と桃を突き返してしまいました。その理由をたずねられてこう答えたそうです。

「見事な桃ではあったが、時節外れのものとなれば、御前（秀吉）が召し上がって腹痛でも起こされれば一大事。そうなれば毛利殿の聞こえも悪かろう」

秀吉の体調を気にするだけであれば部下の判断ですが、毛利家の立場も考慮できたのはまさに組織の長の視点があったからだと言えます。こうして秀吉の信頼を得た三成は、政権を任されるまでになりました。

目の前の仕事に対して、「経営者だったらどういう判断をするだろう」という視点を持ちながら取り組む習慣を持ちましょう。

課題 31

若手社員のあなたは、社長の娘レイコさんに恋をしました。レイコさんと付き合うための計画を考えてください

この場面で求められるビジネススキル

計画を立てる

仕事で結果を出し
まずは社長を
振り向かせる
ほお 君が佐々木くんかぁ
はい あの佐々木です
思い切って社長を
遊びに誘い、あわよくば
レイコさんを
連れてきてもらう
若い社員から誘われるのは初めてだよ
もし誰かお連れ下さっても大歓迎です!!
権力の頂点にある
社長の奥さんに
取り入る
あれが本丸だ

最高のラブソングを作る

二人同時に助ける

社長の不祥事を握った上で
紹介してもらう
みんなで
みんなで幸せになりましょう

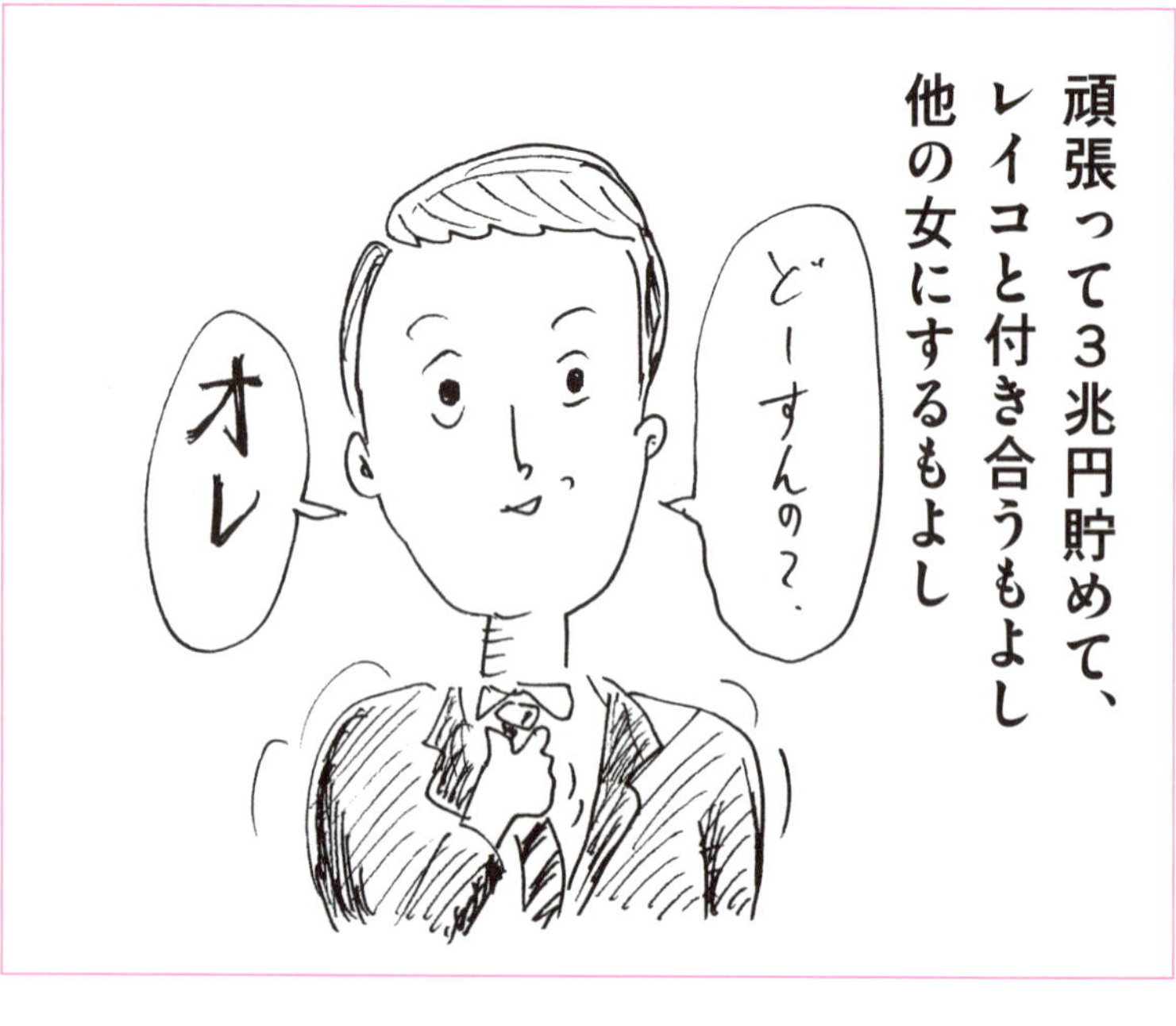
頑張って3兆円貯めて、
レイコと付き合うもよし
他の女にするもよし
どーすんの?
オレ

レイコをもう一人作る

どんな大きな夢や目標も「計画を立てる」ことで実現する

元アメリカ大統領
J・F・ケネディ

アポロ11号が人類史上初の月面着陸に成功したのは1969年のことでした。アメリカ大統領J・F・ケネディが『「1960年代のうちに人間を月に着陸させ無事に帰還させる』という目標の達成を我が国の公約にすべきだ」とアポロ計画を発表したのは1961年で、NASAに与えられたタイムリミットはとても短いものでした。

当時、アポロ11号に積まれたコンピューターは、現在でいえば電卓レベルの計算能力しかないもので、38万キロメートルの彼方に人類を送り、着陸し、再度地球に戻るということは不可能だと思われていました。しかし、約束した期限まで残り半年を切った1969年7月16日、ケネディの名を冠した宇宙センターからアポロ11号は打ち上げられ、4日後の7月20日、アームストロング、オルドリンの両宇宙飛行士は人類で初めて月面へ降り立つことに成功したのです。NASAの技術者たちは一丸となって挑戦を繰り返し、幾多の失敗や事故を乗り越え有人月面着陸という奇跡を実現させましたが、もし大統領がアポロ計画を発表し、強く推進しなければこの偉業は達成できなかったでしょう。

　脳科学の研究では、自分にとって関係がないと考えていることは、脳幹にあるフィルターが遮断し、情報を受け取らないことが分かっています。つまり、ゴールを設けて「計画を立てる」ことで、計画を達成するための情報が次々に飛び込んでくるというわけです。

　電卓並みのコンピューターしかない環境のなかで有人月面着陸が成し遂げられたように、どんな大きな夢や目標も、「計画を立てる」ことによって実現することができます。

課題32

今から飛び込み販売をします。最高と最低の両方のシナリオを想像してください

この場面で求められるビジネススキル

最高と最低を想定する

最高　飛び込んだ先の家に売り込もうとした商品を欲しがっている人がいて、購入してくれて、さらに他にも欲しがっている人を紹介してくれた

最低　玄関のドアすら開けてもらえず退散

最高　飛び込んだ先の人と意気投合し、色々な世話をしてもらえるようになる

最低　怒鳴られた上に塩を撒《ま》かれる

最高　飛び込んだ先でおじいちゃんが暴漢に襲われていて救ったことでお礼に遺産をもらえる

最低　言葉巧《たく》みに勧誘され怪しい宗教団体に入信させられる

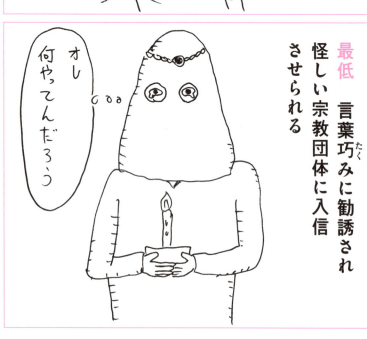

最高　飛び込んだ部屋に人気
アイドルが住んでいて
なんやかんやで付き合う
ようになる

最低　飛び込んだ部屋に自意識
過剰な地下アイドルが
住んでいてストーカー容疑で
警察に連行される

最高　部屋の扉が異世界に通じていて、その世界の伝説の勇者として迎え入れられ気持ちいいほど活躍し、帰り際にすごく価値のある鉱石を渡される

最低　部屋の扉が異世界に通じていたが、向こうの世界にたどり着く前に時空の波に飲み込まれ、時の狭間を永遠にさまよい続ける

「夢を持つこと」と「冷静さ」を同居させる

アマゾン創業者
ジェフ・ベゾス

「最高を望み、最悪に備えよ」

これは世界的によく知られた諺《ことわざ》ですが、最高を望むことはできたとしても、最悪に備えることはなかなか難しいものです。最悪の状況を考えるのは、新しいことに挑戦する妨げになると考える人も多いでしょう。

しかし、実際には「最悪の状況を考える」ことには全く逆の効果があります。

アマゾンの創業者、ジェフ・ベゾスはインターネットビジネスの可能性を信じていましたが、アマゾンが成功する確率は3割と見ていました。ベゾスはあらゆるケースを想定した結果、7割の可能性で自分のやろうとしている事業は失敗すると予測したのです。これから始めようとしている事業が高確率で失敗すると自ら予測したベゾスは、なぜ起業したのでしょう。

「失敗を覚悟すると、心は軽くなる」とベゾスは言います。

不安を直視しないでいるよりも、徹底的にシミュレーションし最悪の状況を考えた方が気持ちが楽になるというのです。絶対に失敗できないという精神状態ではなく、失敗を覚悟した上での起業だったからこそ、ベゾスは大胆な戦略を取り、世界を驚かせる結果を出すことができたのでしょう。

夢を現実にするために、最高の状況だけではなく、最悪の状況を想定する習慣を持ちましょう。

課題33

オフィス内でコストを削減するアイデアを教えてください

この場面で求められるビジネススキル

コストを抑える

エアコンの設定温度を調節し、光熱費を下げる

賃料の低いオフィスへの移動を検討する

社員に気づかれないように徐々に照明のワット数を下げる

接待は安居酒屋を使い、ホステスの代わりに猫を用意する

レトロが売りの職場にする

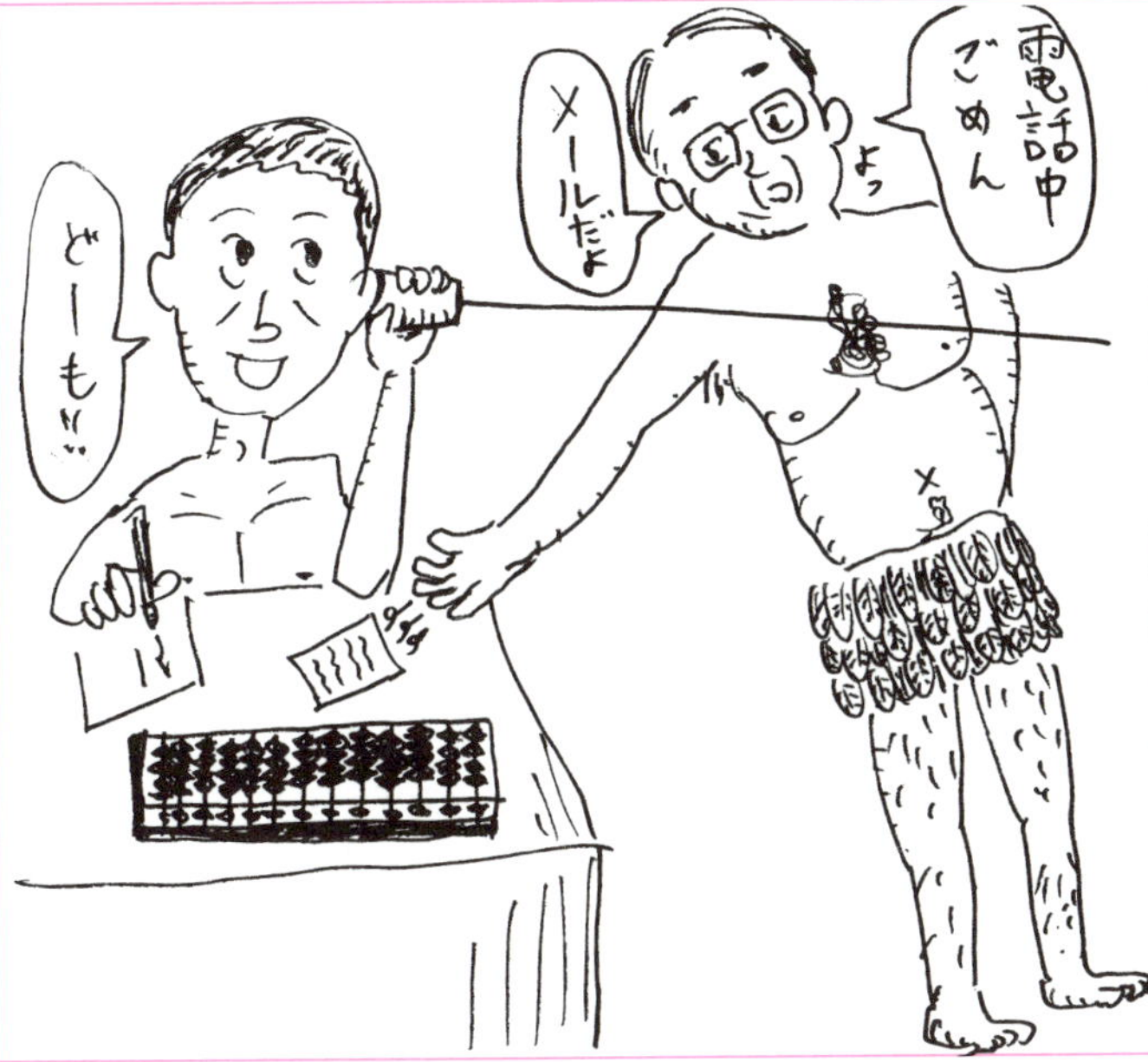

役員がお化けに扮《ふん》して誰も残業しないようにする

部長が夏はオヤジギャグで寒くして、冬はハグで温めてくれる

人件費をゼロにする

社長は私です
というより
私しかいないので…
ハイハイ!!送信!!
プルルプルル
プルルルル
プルルルル
カタカタカタ
カキカキ

「コストを抑える」ことをポジティブにとらえよう

サウスウエスト航空創業者
ハーブ・ケレハー
ハリー・ウィンストン創業者
ハリー・ウィンストン

1971年、ハーブ・ケレハーはそれまで3社が独占していたテキサス州の航空産業に、低価格を売りにした「サウスウエスト航空」を設立して参入しました。サウスウエスト航空は客室乗務員による歌やコスプレなど、型破りなサービスが目立ちますが、注目すべきはコスト意識の高さです。航空費を大胆にカットするために「機内食を廃止」し、さらには無駄な時間を減らすために「座席は早いもの勝ち」というシステムまで導入しました。こうして型破りな方法でコストを抑えながらも本質をおろそかにしなかったサウスウエスト航空は、年間50億ドル以上の売り上げを誇るようになったのです。

また、世界的な高級ジュエリーブランドのひとつ「ハリー・ウィンストン社」の創業者ハリー・ウィンストンは「コストを抑える」ことを成功させながら、それをきっかけにビジネスチャンスを大きく広げた人物です。

1920年代、華やかな流行が衰退したのに加え、第一次世界大戦後の困窮のため、ヨーロッパの貴族たちは、先祖代々受け継がれてきた宝飾品を売却し始めました。その結果、アンティークジュエリーが元の価格の数分の一で取引されるようになったのです。当時、ニューヨークの5番街に「プレミア・ダイヤモンド社」を設立していたウィンストンは、その状況にビジネスチャンスを見出しました。ウィンストンのアイデアは、低価格で手に入れたアンティークジュエリーから宝石だけを取り外し、今風のデザインにリメイクして売り出すというもので、これが大成功を収めました。この成功により、ウィンストンは世界の上流階級を相手にする宝石商へのし上がり、自身の名前を冠した「ハリー・ウィンストン社」を新たに設立、やがて「キング・オブ・ダイヤモンド」と呼ばれるまでになります。

「コストを抑える」という意識がなければ、こうしたアイデアは生まれずビジネスチャンスを逃していたかもしれません。「コストを抑える」と聞くと後ろ向きな印象を持つ人もいるかもしれませんが、ビジネスを大きく前に進める力があるのです。

課題 34

上司が感動するプレゼントを贈ってください

この場面で求められるビジネススキル

相手を喜ばせるプレゼントを贈る

上司をよく知る人しか知らない趣味のモノをプレゼントする
どうぞ
プラプラ
おお!!
リザードワームのルアーじゃないか!!

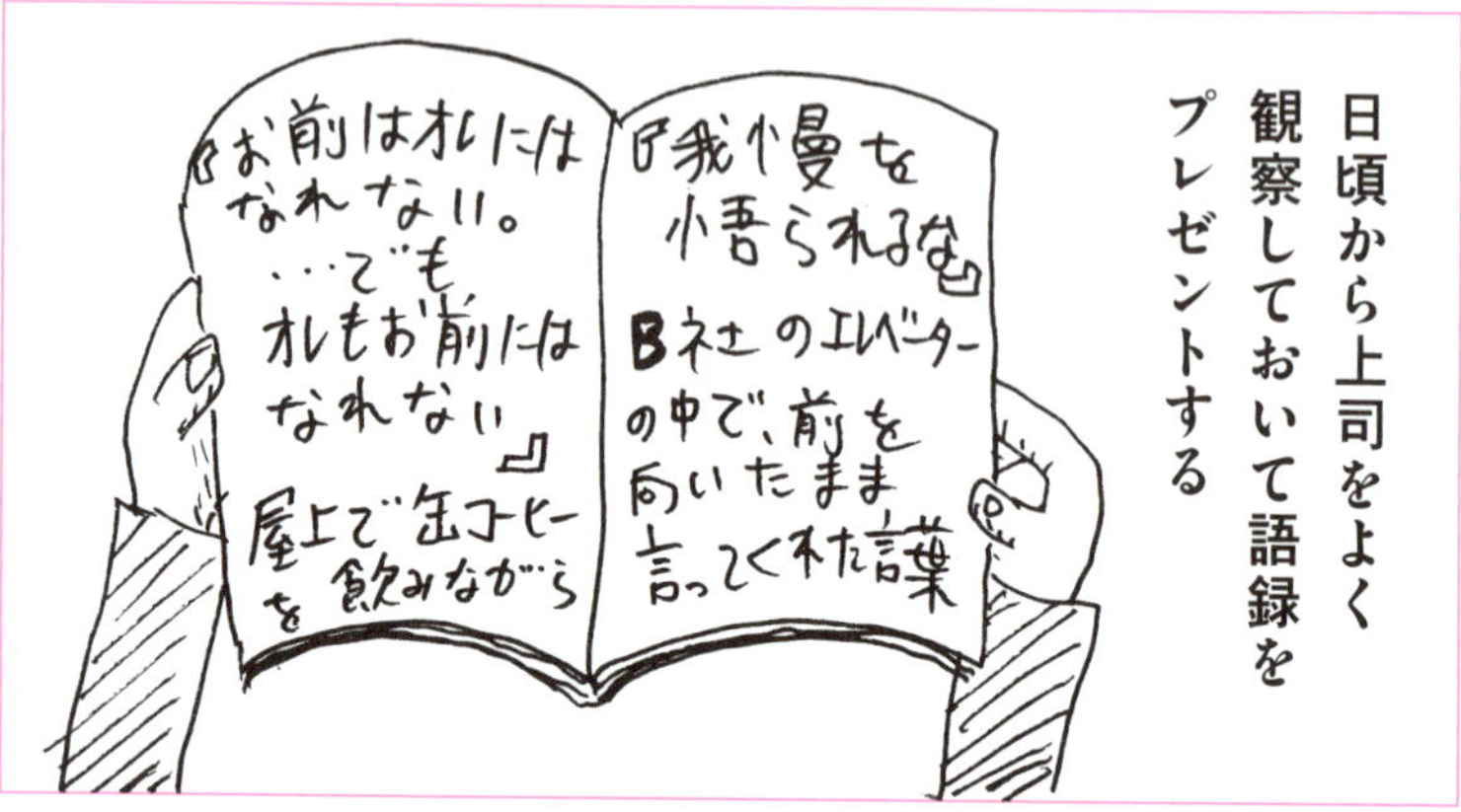
日頃から上司をよく観察しておいて語録をプレゼントする
『我慢を悟られるな』
B社のエレベーターの中で、前を向いたまま言ってくれた言葉
『お前はオレにはなれない。…でも オレもお前にはなれない』
屋上で缶コーヒーを飲みながら

休みをプレゼントする
後は任せて!!
アハハハ
み、みんな
もしもし たまにはいいじゃないですか

上司が取りたがっていた
契約を取ってくる
最後は円満だったので大丈夫です
ハァーハァ
契約書

整体師の免許を取っておいて
プロの技で驚かせる
お待たせしました
着替えたね?

上司が好きだったおばあちゃんの霊を降ろしてあげる

オークションで競り勝って後日それをプレゼントする

背後から首を絞めて走馬燈で人生をダイジェストで振り返らせてあげる。直後、蘇生させる

最高のプレゼントは、相手を喜ばせたい気持ちから生まれる

戦国武将

蒲生氏郷《うじさと》

戦国時代の名将、蒲生氏郷はある戦の後、活躍した部下に与える恩賞目録を見て、「これでは足りない。もっと増やすように」と財務担当者に指示しました。しかし、その戦いは領土を守る戦いだったので戦利品もなく、与えられるものがありませんでした。そこで氏郷は、「では、この者たちを一人ずつ城へ呼ぶように」と指示しました。数日後、一人の家臣が呼び出され城の一室に入ると、氏郷が食べるのと同じ食事が運びこまれ、さらに氏郷の使っている風呂に入るように言われました。家臣が訳も分からず風呂に入って温まっていると、「湯加減はどうじゃ?」と聞き慣れた声が聞こえます。家臣が慌てて浴室の窓から外を覗くと、氏郷が頬かぶりをして、すすだらけになりながら薪をくべていました。言葉も出ないほど驚いた家臣でしたが、氏郷から、「十分な褒美を取らすことができなかった、これぐらいのことはさせてくれ」と聞くと深く感動したそうです。客人を招

いて食事と風呂を馳走するのが最高のもてなしだった時代に、主君が自ら家臣のために風呂を焚くという行動は大きなサプライズだったに違いありません。

相手を喜ばせるプレゼントは、物だけではありません。まず何よりも、相手を喜ばせたいという気持ちを大事にしましょう。

参考文献

『「戦略」大全』 マックス・マキューン／児島修 訳／大和書房

『ハリー・ウィンストン その生涯と作品』 ローレンスS・クラッシス／ロナルド・ウインストン／山口遼 訳／エディコム

『人を伸ばす 内発と自律のすすめ』 エドワード・L・デシ／リチャード・フラスト／桜井茂男 訳／新曜社

『歴史人物・意外なウラ話 ―笑える話・恥かしい話・驚きのエピソード』 高野澄／PHP研究所

『レディー・ガガのすべて』 セーリーン・キャラハン／中村有以訳／ソフトバンククリエイティブ

『レディー・ガガ』 ブランドン・ハースト／長澤あかね／中村有以 訳／中央公論新社

『NASAを築いた人と技術 巨大システム開発の技術文化』 佐藤靖／東京大学出版会

『ブレークスルーの瞬間 何がめの企業を飛躍させたのか』 坂本桂一／近代セールス社

『葉隠』 山本常朝／岩波書店

『孫子に学ぶ12章―兵法書と古典の成功法則』 守屋洋／角川SSコミュニケーションズ

『筋を通せば道は開ける フランクリンに学ぶ人生の習慣』 斎藤孝／PHP研究所

『面白くてよくわかる！社会心理学 学校、職場、家族で、よりよい人間関係を築く大人の教科書』 齋藤勇／アスペクト

『ディオールの世界』 川島ルミ子／集英社

『40歳から成功した男たち』 佐藤光浩／アルファポリス

『1分間バフェット お金の本質を解き明かす88の原則』 桑原晃弥／ソフトバンククリエイティブ

『「権力」を握る人の法則』ジェフリー・フェファー／村井章子 訳／日本経済新聞出版社

『人を動かす』 デール・カーネギー／山口博 訳／創元社

『あなたの潜在能力を引き出す20の原則と54の名言』 ジャック・キャンフィールド／ケント・ヒーリー／弓場隆 訳／ディスカヴァー・トゥエンティワン

『考え出すと妙に気になる クラシック音楽 素朴な大疑問』 クラシックジャーナル編集部／PHP研究所

『リスト』 福田弥／音楽之友社

『本当に使える企業防災・危機管理マニュアルのつくり方―被災現場からみつめたBCP』 山村武彦／金融財政事情研究会

『二宮金次郎の一生』 三戸岡道夫／栄光出版社

『坂本龍馬のビジネススキル』 河合敦／小学館

『別冊宝島　本田宗一郎という生き方』宝島社
『マーガレット・サッチャー「鉄の女」と言われた信念の政治家』筑摩書房編集部／筑摩書房
『世界人物逸話大事典』朝倉治彦／三浦一郎／角川書店
『マリー・キュリー―激動の時代に生きた女性科学者の素顔』桜井邦朋／地人書館
『トンデモ偉人伝―天才編』山口智司／彩図社
『「仕事」論』岬龍一郎／PHP研究所
『壁を越えられないときに教えてくれる一流の人のすごい考え方』西沢泰生／アスコム
『光に向かって100の花束』高森顕徹／1万年堂出版
『トヨタの反省力』唐土新市郎／泰文堂
『ウマが合う人、合わない人　人間関係でイライラしない心理法則』樺旦純／PHP研究所
『偉人はかく教える』寺松輝彦／致知出版社
『エルメス』戸矢理衣奈／新潮社
『仕事の哲学　最高の成果をあげる』P・F・ドラッカー／上田惇生訳／ダイヤモンド社
『男の器量「大物」になる法』童門冬二／三笠書房
『人は理では動かず情で動く　田中角栄　人心収攬の極意』向谷匡史／ベストブック
『〈伊達政宗と戦国時代〉万事に通じた教養人・政宗』滝澤美貴／学研プラス
『もっとすごい！ホメ方仕事で、仲間うちで、男女関係で…相手を知らぬ間に操る奇跡の心理術』内藤誼人／廣済堂出版
『感じてわかる！　セラピストのための解剖生理　カラダの見かた、読みかた、触りかた』野見山文宏／BABジャパン
『ひらめき脳』茂木健一郎／新潮社
『アルキメデスの発想術』岡部恒治／実務教育出版
『TOKUGAWA 15　徳川将軍15人の歴史がDEEPにわかる本』堀口茉純／草思社
『偉人たちの意外な「泣き言」』造事務所／PHP研究所
『快人エジソン―奇才は21世紀に甦る』浜田和幸／日本経済新聞社
『ジェフ・ベゾス　アマゾンをつくった仕事術』桑原晃弥／講談社
『シャネル　最強ブランドの秘密』山田登世子／朝日新聞社
『コピーキャット　模倣者こそがイノベーションを起こす』オーデッド・シェンカー／井上達彦／遠藤真美訳／東洋経済新報社
『ザッポスの奇跡　アマゾンが屈したザッポスの新流通戦略とは』石塚しのぶ／東京図書出版会
『影響力の武器　なぜ、人は動かされるのか』ロバート・B・チャルディーニ／社会行動研究会 訳／誠信書房
『逸翁自叙伝』小林一三／産業経済新聞社
『私の人生観』小林一三／要書房

著者プロフィール

水野敬也　みずの けいや
愛知県生まれ。慶応義塾大学経済学部卒。著書に『夢をかなえるゾウ』『人生はニャンとかなる！』『運命の恋をかなえるスタンダール』『顔ニモマケズ』ほか、作画・鉄拳の作品に『それでも僕は夢を見る』などがある。恋愛体育教師・水野愛也としての著書に『LOVE 理論』『スパルタ婚活塾』、また DVD 作品『温厚な上司の怒らせ方』の企画・脚本や、映画『イン・ザ・ヒーロー』の脚本を手がけるなど活動は多岐にわたる。

岩崎う大　いわさき うだい
東京都生まれ。早稲田大学政治経済学部政治学科卒。2001年にコントグループ「WAGE」としてデビューし、07年に同グループのメンバー槙尾ユウスケと「劇団イワサキマキオ」を結成。10年に「かもめんたる」に改名し、13年にコント日本一を決める「キングオブコント」で優勝。単独ライブ以外にも「劇団かもめんたる」公演を行うほか、得意のイラストを活かした漫画『岩崎う大のマイデリケートゾーン』（エブリスタにて連載）など幅広い活動を展開している。

仕事のストレスが笑いに変わる!
サラリーマン大喜利

2017年10月 3 日　第1刷発行

著　　者　水野敬也　岩崎う大
イラスト　岩崎う大
リサーチ協力　渋澤怜
校　　閲　鴎来堂
装　　丁　寄藤文平（文平銀座）＋北谷彩夏
編　　集　臼杵秀之
発 行 者　山本周嗣
発 行 所　株式会社文響社
〒105-0001 東京都港区 虎ノ門 2-2-5
共同通信会館 9F
ホームページ　http://bunkyosha.com
お問い合わせ　info@bunkyosha.com

印刷・製本　中央精版印刷株式会社

ISBNコード:978-4-86651-033-0 Printed in Japan

この本に関するご意見・ご感想をお寄せいただく場合は、郵送またはメール（info@bunkyosha.com）にてお送りください。